もう周りにふり回されない!

自分史上最高の幸せを呼びこむ方法

suzuki manami
鈴木真奈美

PHP

つい、振り回されてしまうあなたへ

「自分らしく生きたい」のに、自分らしく生きられない。
そう思うことはありませんか？

社会の価値観、まわりの目、あふれる情報、理想と現実。
多くのものにとらわれ、流され、
本当に大切なものを、見失っていませんか？

そろそろ「周りの目を気にした人生」ではなく、
あなたが「心から納得できる人生」を、
始めていきませんか？

あなたらしさが輝けば、

世界はおのずと変わります。

プロローグ　振り回されてしまうあなたへ

・「人にどう思われているか、人目を気にしてしまう」
・「周り（友人・恋人・家族）にふり回され、イライラしたり、落ち込んだりする」
・「知識やスキルを求め、本を読んだり、様々なセミナーに通い続けても、現実はほとんど変わらなくて、疲れてしまう」
・「〝好きなことを仕事にしたい〟けれど、それは特別な人にしか無理なのかも」
・「どうして素敵なパートナーに出会えないんだろう」
・「やるべきことに追われ、日々が慌《あわ》ただしく過ぎていく。はたして、自分はこのままでいいのかな」
・「人生、一度リセットしてやり直したい」

そんな風に思ったことはありませんか？

周りに振り回されるのではなく、ブレることなく、あなたがそのままで幸せになれる方法が、この本には、たくさん詰まっています。

こんにちは。鈴木真奈美です。本書を手に取ってくださり、ありがとうございます。あなたと出会えたことに、心から感謝いたします。

私は現在、セミナーや講演を開催しながら、使命（生まれてきた意味）や魅力・才能を引き出すお手伝いをしています。

1冊目の本を出版させていただいたあと、全国各地や海外からも、多くの反響をいただきました。驚いたのは、**「情報や人の目に振り回されている人」**や**「自分らしい人生を生きたいのに、現実はなかなか難しいと感じている人」**があまりにも多いということです。

仕事も恋も結婚も自己実現も、自由に叶《かな》えられる時代。

それでもやはり、

「結婚すれば、幸せになれる」

「やりたい仕事ができれば、輝ける」

そんな「決まりきった理想の幸せ」や「あるべき姿」に縛られる人は、少なくないようです。

今の時代、「これがあれば幸せ」「こうすれば幸せ」という安心できる確実な条件は、限りなく少なくなってきています。ということは、

- あなたが、過去に何をしようと、どんな学歴やキャリアであろうと
- どんな知識やスキル、資格を身につけようと
- 人から憧《あこが》れられるモノ（美しさ、パートナー、お金、地位・肩書）を持っていようと

あなたの本当の幸せが、ずっと保証されるわけではない、そんな時代になったのです。

情報があふれ、「幸せの形」が多様化する今こそ、人からどう思われるかではなく、**「あなたの幸せにとって、本当に大切なものだけを選択していく力」**が必要です。

「幸せの基準」に、あなたを当てはめるのではなく、「あなたが幸せと感じること」を集

めていくと、望んだ以上の幸せは、自然と手に入るようになっているからです。まるで、呼吸をするのと同じくらいに。

私自身、会社員時代には、人目や評価を気にして、振り回されてばかりでした。自分探しにさまよい、高級車1台分以上の投資をしたこともあります。ただ今は、独立して、好きなことを仕事にし、幸せいっぱいの日々を過ごしています。

ありがたいことに、口コミで広がった個人セッションは1200人待ちの状態。セミナーには、北海道や大阪、福岡など全国各地や海外から、通ってきてくださる方もたくさんいらっしゃいます。

- 「仕事で大抜擢されて、長年の夢が叶った」
- 「世間の価値観や他人の顔色に振り回されず、自分らしく生きられるようになった」
- 「そのままの自分を包み込んでくれる、最高の彼に巡り会えた」
- 「取りまく環境が劇的に変わり、人生が加速的に変化した」
- 「生まれ変わったように、日々が幸せでいっぱい」
- 「ずっと願っていたことが、気づいたら、すべて叶っていた」

これまで3000人以上の方に関わらせていただいた中で、そんな嬉しいご報告を、数えきれないほど、いただいています。

振り回されずに、自分らしく輝くというのは、実は誰もが簡単にできること。ただ、やり方を知らなければ、一生懸命やっても空回りする一方なのです。

置かれた環境や過去がどうであろうと、すべてはあなた次第で、いくらでもうまくいきます。

本書でこれからお伝えする方法の効果は、絶大です。

一度きりの人生。大切なのは、人から評価されることや「人からうらやましがられるもの」をより多く手に入れることではなく、

あなたが心から満たされ、深い幸せや安らぎを感じながら、

嬉しいことが次々起きていく。

そんな、あなた自身が「納得いく人生」を生きていくことです。

次はあなたの番です。では、ここから一緒に、始めていきましょう。

もう周りにふり回されない！

自分史上最高の幸せを呼びこむ方法

目次

第1章

つい、周りに振り回されてしまうのは、なぜ？

第2章

「自分らしさ」が輝くと、人生は変わる

第3章

もう振り回されない！　あなたは、あなたのままでいい

第4章

心を変えると、仕事はこんなにうまくいく

第5章 あなたの恋はうまくいく! 幸せな恋を引き寄せる方法

第6章 自分史上最高の幸せを呼び込む法則

第1章

つい、周りに振り回されてしまうのは、なぜ？

●情報洪水の中で、おぼれてしまうから、振り回される

いきなりですが、あなたに質問します。

あなたは気づかないうちに、情報に振り回されていませんか？

テレビや雑誌では、たえず「豊かなライフスタイル」や「幸せの形」を発信しています。

・美しく、キレイになるには
・女子力アップには、どんな習い事や自分磨きがおすすめか
・理想の人に出会い、結婚するためには
・「やりがいのある仕事」を見つけて自己実現するには
・仕事と家庭を両立して、輝くには
・おひとりさまの老後には、何が必要か

草食系男子、肉食系女子、婚活、イクメン、美魔女など、様々な言葉も生まれています。

それに加え、フェイスブックやブログ、ツイッターなどのインターネットからも、人の近況がすぐわかるので、充実度を比べて、うらやましくなったり、どこか取り残されたような気持ちになったり。

それが気づかぬ習慣になり、電車の中や空いた時間があると、無意識にチェックしてしまう人も少なくありません。つい、人の行動が気になってしまうのです。

「35歳までには結婚しないと」
「年収６００万円以上の人が理想」
と、何冊も恋愛マニュアル本を読んだり、婚活したりしてみたものの、なかなかうまくいかず、心が疲れてしまう人もいます。

生き方の選択肢や、自由が増えたにもかかわらず、心を惑《まど》わすものも同じように増えました。周りの声や情報に流され、生き方に迷ってしまう人、人目を気にして振り回されてしまう人、先の見えない不安にとらわれる人。情報洪水の中でおぼれかけている人は、意外と多いのです。

この変化の時代、世の中の常識も年々、変わっています。「常識」というのは、単に、「大勢の人が正しいと思い込んでいること」にすぎません。時代によって、いくらでも変わっていきます。そんな常識にあわせていたら、振り回される一方です。

●「周りの評価」で、あなたの価値をはからないで!

人の目や評価が気になり、ブレやすいのは、特に女性の特性だそうです。

成果や実績、収入で、自分の価値を感じ、自信を得る男性に対し、周りからの評価や賞賛で、自分の価値をはかってしまうのが女性というもの。

これは、狩猟時代にまでさかのぼるＤＮＡが影響していると言われています。

生き残るために必要だったのは、男性なら「狩りでどれだけ獲物が捕れたか」ということ。一方、女性に求められたのは、留守を守るコミュニティの中で、「周りの人たちとどれだけうまくやれるか」という能力。それゆえ、女性には、人の目を気にしたり、より好かれようとする本能があるのだそうです。

ですから、女性は、人から認められるモノ（結婚、美しさ、人脈、肩書き、つきあう男性など）で、自分の価値を決めてしまいやすいのかもしれません。無意識のうちに、生き方も、持っているモノも、人と比べ、周りに影響されやすくなってしまうのです。

一生懸命、生きてきて、それなりに充実しているはずなのに、何かの瞬間ふと、

「私の人生、これで良かったのかなぁ」
「どこかで間違えてしまったのかなぁ」

と不安に思うことは、ありませんか？

たとえば、仕事一筋できた人は、結婚している友人を見ると、

「10年後も今のままだったら、どうしよう」

と、将来が不安になって焦《あせ》ったり、取り残されたような孤独を感じたり。

「どうして結婚しないの?」「早く結婚しないと、まずいんじゃない?」

「高望みなんじゃないの?」

と言われて、密《ひそ》かに傷ついたり。

家庭に入った主婦は、第一線で、おしゃれにイキイキと活躍している友人を見ると、世間から取り残されたような気持ちになったり、家族の犠牲《ぎせい》になっているような気がしたり。

「毎日、暇じゃない?」「生きがいって何なの?」

「子ども中心で、自分にお金をかけられないのって可哀想」

と言われただけで、収入のない自分を否定されている気持ちになったり。

「子育てだけじゃ評価されない。子育てと仕事を両立すべき」と思いながらも、頑張りすぎて、心と体が疲れはててしまったり。

このように、いつも人と比べたり、人からどう思われるかを基準にすると、自分を見失い、振り回されてしまいます。

●不幸な勘違いは、不幸な人生を創る

そもそも、いつ頃から、周りに振り回されるようになったのでしょうか？

子どもの頃から、あなたは、色々体験しながら、「しても良いこと」「してはいけないこと」を学んできました。

「火に触れる→やけどする」
「ガラスのコップを落とす→割れる」

「頭から転ぶ→ケガをして痛い」

一つ一つ、体験しながら学んでいきます。

これと同じくらいのレベルで、

「これをしたら、ほめられる」

「これをしたら、認めてもらえる」

「これをしたら、受け入れてもらえる」

と思い込んでしまうのです。

たとえば、いい子の時だけほめられると、「いい子でなければ、愛されない」と勘違いしてしまうのです。

さらに、

「一生懸命、頑張ったけど、親には、なかなかほめてもらえなかった」

「親の期待通りに行動しなかったら、悲しまれた」

「成績が悪かった時、がっかりされた」

そうやって、「何をしたか」ということばかりに焦点があたって、ほめられたり、がっかりされる経験を繰り返すうちに、だんだん自信をなくしてしまいます。

本当はそのままで愛される存在だったのに、ほんのささいなことがきっかけで、

「今の自分のままでは愛されないんだ」

という風に、思い込んでいってしまうのです。こうして、等身大の自分より大きく見せようと、いい人やできる人を演じてしまいます。

不幸な勘違いは不幸な人生を創ります。自分に軸がないので、周りを気にして、起きたことにいちいち反応してしまうのです。

●あなたの足を引っ張る本当の原因 〜あなたへの肯定度が、すべてを決める！〜

あなたは日々、本当によく頑張ってこられたタイプの方だと思います。ですからこの本を手に取ってくださったのですよね。

本書を読み進める前に、ここで、あなたの「現在地」を確認してみましょう。

あなたは今、自分のことを、どんな風に感じていますか？

「どんな時も、自分はすばらしい存在だと、心から思える状態」が、肯定度１００％だとしたら、あなたは今、自分自身をどれくらい肯定できていますか？

肯定度が50％以下の方は、自分に対して、厳しすぎです。欠点や足りないものばかりに意識を向けて、あなたを過小評価していませんか？

あなたの体は、感謝されなくても、日々、あなたのために一生懸命、働いてくれています。失敗しても、人生をあきらめず、乗り越えてきたからこそ、今、あなたはここにいるのです。

そう思うと、誰よりもあなたのために頑張ってきたのは、ご両親でも彼でも、周りの誰でもありません。あなたのために一生懸命やってきたのは、実はあなた自身なのです。

その自分を認めないというのは、あなたに対して、失礼なことだと思いませんか？

目に見える成果や、大きな結果だけで、あなたの価値を判断しないでください。ダメな面ばかりに意識を向けないでください。

「いいところ」と「ダメなところ」の両方があることを認め、そのままの自分を受け入れる習慣を身につけることです。両面あってのあなたなのです。

・あなたの素敵な面を見つけたら、素直に「素敵だね」ってほめてあげる
・叶えたい夢があるなら「ムリ！」と否定せず、誰よりも応援してあげる
・悲しい時は慰《なぐさ》め、大変な時にはちゃんとかばってあげる
・落ち込みそうな時は、「なんで自分はできないんだろう」と自分を責めたりせず、ま

ずは、一人になって深呼吸

そして「そんな自分もＯＫ」「大丈夫！　大丈夫！　私なら、絶対乗り越えられる」と優しく励ましてください。

ひとつひとつの小さな積み重ねが、あなたの肯定度を上げていきます。**いい面も悪い面もすべて受け入れることで、「自分を肯定する力」は高まるのです。**

大切なのは、

「人からどう思われるか」ではなく、「あなたが自分をどう思っているか」です。幸せは、「そのままの自分を、どれほど肯定できるか」で決まります。

●平均以下でもなぜかモテる人の共通点

コーチとして、たくさんの方に関わらせていただく中で、不思議に思ったことがありました。

Ａさんは、モデルのように美しく、キャリアにも恵まれ、どこへ行っても「美人ですね」「スタイルいいですね」とほめられます。プライベートでもたくさん習い事をし、次々と資格を取得するほどのがんばり屋さん。でも、どこか心が満たされないのです。いつも頑張っているのに、なぜかうまくいかなくて、素敵な出会いもなかなかありません。

一方、Ｂさんは、ごく普通のＯＬさんで、容姿も能力も人並み。それほど頑張っているようには見えないけれど、いつもニコニコ楽しそうで、いいことばかりが起こります。さらに、Ｂさんは素敵な彼と出会い、ますます幸せになっていくのです。

「普通、逆じゃないかな」と、私は内心、思ったのです。

でも、Ｂさんのように特別な何かを持っていなくても、幸せな人は幸せですし、そういう人ほど、かえって、無理せず、楽に夢を叶えていくのです。

この二人の大きな違い。それは、

「今の自分を肯定しているか」「今の自分を否定しているか」

ここが大きな分かれ目です。

先程も言いましたが、**「あなた自身に対する肯定度」が、あなたの人生を決めていきます。そのままのあなたを認めるほど、幸運が引き寄せられ、望み以上の人生が、自然と展開していくのです。**

Aさんは幸せになるために、「もっと頑張らないと」と、足りないものを埋《う》めるために、涙ぐましい努力をしていました。でも、スタートが「今の自分を否定している」ので、いくらやっても「こんなに頑張っているのに、どうしてうまくいかないの？」「努力が足りないの？」「私の何がいけないの？」と疲れて、すり減ってしまうのです。

一方、Bさんは、「自分は、そのままで価値のある人間」だと思っているのです。「完璧じゃないけど、今の私もなかなかいいよね♪」と、周りの小さなものや出来事に、幸せを感じています。だから、何もしなくても、「スペシャルな私」にふさわしいことが起きるのです。たとえ失敗しても、心の切り替えが早いのです。

あなたの中には「幸せのタネ」がちゃんとあって、あなたが気づいてくれるのを待っています。

「私ってステキ」「私は本当にすばらしい」

そうやって、あなたが自分自身を肯定できた時に、初めて、そのタネは芽生《めば》えるようになっているのです。

大切なのは、努力の方向性です。

「足りないものを補う努力」や「認められるための努力」ではなく、

「そのままのあなたを受け入れ、好きになる努力」です。

「今の自分で幸せ」と感じられるかどうか。それが、あなたを取りまくすべてを決めていきます。

第2章

「自分らしさ」が輝くと、人生は変わる

●何かができてもできなくても、あなたはあなたのままでいい

ここからは「あなたの本来の価値」について、さらにお話ししていこうと思います。

自分に自信がないと、つい「自分を大きく見せよう」としてしまいます。もしかしたら、あなたもそうやって、背伸びして、頑張ってきたのかもしれませんね。

その想いは、確かに原動力となり、あなたを守り、あなたをここまで連れてきてくれました。たくさんの結果も出してきたかもしれません。弱い自分や、劣等感や自信のなさを見せずに、一生懸命やってきたのかもしれません。

ここまで、あなたは一人で、よく頑張ってきました。

十分すぎるくらい、本当によくやってきました。

でも、自分を大きく見せようとする度に、「等身大のあなた」は萎縮《いしゅく》していってしまい

ます。もう、そんなに自分を大きく見せなくてもいいのです。できるフリ、強いフリをしなくてもいいのです。価値をつけるために、そんなに頑張らなくてもいいのです。我慢して、いい子を演じる必要もないのです。

そういう風にしなくても、あなたは、そのままで愛されるようになっているのです。

「これまでの想い」は、決して悪いものではありませんが、感謝とともに、もう成仏《じょうぶつ》してもらいましょう。「よくここまで頑張ってきてくれたね。ありがとう」と。

ここから先は、あなたの「新しい想い」にふさわしい、新しい現実が生まれてきます。

「能力あるね」「できるね」という言葉の代わりに、「そのままがいいよ」「ここにいていいんだよ」「あなたは十分ステキだよ」という、そのままを肯定する言葉を、あなたにかけてあげてください。

何かができてもできなくても、
頑張らなくても、
結果が出せなくても、
期待にこたえられなくても、
役に立つことをしなくても、
どんな時も、あなたの価値は変わりません。

あなたは、そのままで愛される存在なのです。

一度その場所から、世界を眺《なが》めてみると、世界が変わっていくのに気づくはずです。
そのままで「生きている価値がある」「愛される価値がある」という肯定感は、あなたの人生の土台となり、あなたの人生を支えてくれます。

●婚活パーティーに行って、落ち込んだことはありませんか？

読者さんからこんなメッセージをいただきました。

婚活中の40才女子です。
頑張ってひとりで、お見合いパーティーに行ったのです。
30人位の人の中から自分を選んでくれる人の少なさに、ヒシヒシと世間の40女子に対する感覚を目《ま》の当たりにし、自分の価値について考えさせられました。

婚活パーティーだけでなく、たとえば社会人の交流会に行って、落ち込んだ経験はありませんか？

ここで、お伝えしたいのは **「本来の価値」** と **「市場価値」** との違いです。

「あなたの本来の価値」とは別に、「市場価値」というものがあります。

たとえば「婚活」でいえば、あなたがどんなにこれまで頑張って自分を磨いてきたとしても、あなたがどんなに素敵な人だとしても、内面や人柄には関係なく、見た目、年齢、ウケのいい趣味（お料理など）という目に見えるラインで、判断されてしまいます。
婚活パーティーに行けば、20代の女子ばかりが声をかけられ、30～40代のあなたは、壁の花として、空《むな》しく居心地の悪い時間を過ごすことになるかもしれません。

たとえば就職活動や転職活動をすれば、あなたがどんなに見えないところで、心配りをする人であっても、誰からも愛される人柄であっても、学歴、資格、経験というラインで、ばっさり切られてしまいます。

たとえば企業にいれば、あなたがどんなにみんなの嫌がる仕事を引き受ける、心優しい人であっても、職場の潤滑油であっても、目に見える「成果」や「業績」で、評価は決まってしまいがちです。社会人の交流会では、社名や肩書きがものをいいます。

これが**「市場価値」**です。

婚活や就職・転職活動で疲れてしまったり、辛《つら》くなってしまうのは、「自分が否定された」「自分には選択肢がない＝価値が低い」と思ってしまうからではないでしょうか？

でも実は市場価値と、あなたの本来の価値は、まったく違うものなのです。

「訳あり品」だからこそ、売れる理由

流動的な「市場価値」をモノサシにすると、あなたの価値は、激しくアップダウンを繰り返します。そんな「市場価値」に惑わされていては、あなたの心は揺らぐ一方です。もちろん、「市場価値」を意識することも時には必要ですが、それによって、大切なものを見失ったら、本末転倒《ほんまつてんとう》です。

先程の婚活パーティーは、テーブルの上に、様々なリンゴを並べて、「さぁ、どうぞ選んでください」と言うようなもの。

どうしても、真っ赤で、見た目のいいリンゴに、人は集まりがちです。

男性なら年収、肩書き、職業。女性なら、容姿や年齢でしょうか。

でも、中には色々なリンゴがあります。見た目は真っ赤でなくても、中身が蜜いっぱいで、特別おいしいとか。これは、実際に切って中身を見せることができる、ネット通販やテレビショッピングという「市場」では、人気が高いですよね。

かなり昔の話ですが、傷だらけなのに、1個1000円で飛ぶように売れたリンゴもありました。台風の中でも、落ちずに残った「落ちないリンゴ」。縁起物として、受験生への贈り物として、大人気。これは、受験生の応援グッズという「市場」でした。

あなたの価値を見いだせないような人がたくさんいる「市場」に、みすみす「あなた」を置いて、落ち込まないでください。「断られて、自分を全面否定されたと思ってしまう」のは、悲しい勘違いです。

可能な限り、あなたに対して失礼な評価を下す場には、身を置かないようにすること。もしどうしても身を置かなければいけない場合は、心の境界線を引いて、ちゃんと心の距離をとってください。

婚活パーティーで、「何となくの30人」からモテるより、たった一人の素敵なパートナーに出会える方が、幸せだと思いませんか？

就職・転職活動がうまくいかないと「自分が社会から必要とされていない」と感じてしまうかもしれませんが、そんなはずはありません。その会社があなたにあわないだけなのです。

婚活や就活だけで、人生が決まるわけではありません。幸せに生きる選択肢は、無数にあります。一つや二つの結果で、あなたそのものの価値を決めてしまうのは危《あや》ういことです。

「市場価値」に左右されず、あなたが「あなたの本来の価値」を、しっかりと認め、大切

に育てていってくださいね。

「あなたの本来の価値」は、何があっても、どんな時も、変わりません。

●うまくいかないのは、「あなたの居場所」が違うから

かつて、キュウリはまっすぐでないと市場に出せない時代がありました。

今では、「形が悪く」ても、「訳あり品」として、飛ぶように売れていきます。

「訳ありだから悪い」ではなく、「訳ありだからこそ」人気なのです。

大切なのは、「訳あり品」の価値を受けとめ、どう生かしていくかです。まっすぐなキュウリが正規価格で、「訳あり品セール」の中に置かれていても、買っていかれないでしょう。

それ自体に価値がないのではなく、必要とされる場所が違うということです。

揺れ動く世の中にあって、何を頼りにすればいいいか。

それは、すべての存在に価値があることを、認めることです。認めると、いかし方がわかってくる。いかせる場所が、必ずあるのです。

あなたが自分の価値を認めると、自然とその価値をわかってくれる人が現れます。

そして、あなたの居場所も見つかります。

あなたは規格外のスペシャルです!

クライアントのAさんは、37歳のキャリア女子。

向上心が強く、キャリアアップのために、資格を取ったり、仕事に没頭したりして、頑張ってきました。30代後半になって、仕事も充実し、「そろそろ結婚してもいいかな」と思い始めたのです。気づくと、この年まで一人。周りはみんな、結婚していました。「結婚したいけど、いい人と出会うきっかけがないなぁ」と思い、婚活会社に申し込んでみたのです。

ところが、婚活会社に行くと、厳しい現実を突きつけられてしまいました。

「年収1000万円以上の独身男性なんて、あなたの年齢では難しいです」

「家事は苦手。仕事は続けたい。婚活市場での価値は低いです」

Aさんの心は揺れました。

「妥協《だきょう》しないと、結婚って、もうできないのかな」

「家事ができないとダメなのかな」

一瞬、そう思いましたが、Aさんはその婚活会社のいう「市場価値」にとらわれることをやめました。

「一度きりの人生を誰かに縛られて、好きなことができなくなるのは嫌」

「家事はできなくても、他にできることはいっぱいある。私は私」

結局、そのままの自分を肯定して、本当に好きな仕事に心を注ぐことにしました。その後、出会ったのが、キャリアもあり高収入で、ソフトな人柄のSさん。

Sさんは、Aさんにこう言ってくれたそうです。

「家政婦さんと結婚するわけじゃないから、家事はできる範囲でいいよ。イキイキしていてほしいから、できない部分は家政婦さんをお願いすればいいんじゃないかな」

Sさんとの結婚は、一般的には、シンデレラ・ストーリーかもしれません。でも、自分そのものを受け入れて、そのままを許したからこそ、出会うべき人がちゃんと現れたのです。

●「苦手を克服しよう」という大いなる落とし穴

もしAさんが、「婚活市場でウケる、可愛い女子」を演じていたら、おそらく、Sさんには出会えなかったでしょう。

「仕事したい。でも家事は苦手。そんな自分じゃダメだよね」

と、Aさんが自分にダメ出しして、自信をなくしていたら、Sさんと出会えてもスルーされていたかもしれません。

苦手なところ、ダメなところは無理に克服しなくてもいいのです。

あなたは、平均値で生きる必要はありません。だってあなたはそもそも、規格外のスペシャルなのですから。

平均値で生きようとすることが無理なのです。無理に周りにあわせようとして、規格外をやめてしまうと、ありふれた平均になるだけです。「スペシャルなあなた」を、無理に「小さな平均値」に当てはめようとするなんて、もったいないことです。

頑張ることは悪いことではありませんが、「世間の一般の基準」にあなたを当てはめようと無理をするのは、非効率です。

「理想の誰か」を演じるのではなく、そのままのあなたを肯定し、日常の生活を楽しむことを、大切にしてください。

あなたは、そのままで、幸せになれるようにできているのです。今の自分で、幸せになっていいのです。

でこぼこの自分。→ その「でこぼこ」にぴったりの「でこぼこ」な人を引き寄せてくれる

やすりで磨いてつるつるにしてしまったら、本当にあう人がわからなくなってしまう

●自分を粗末に扱っていませんか？

こんな経験はありませんか？

カフェで、ハーブティーを注文したのに、間違ってコーヒーが出されてしまった時。

「本当にどちらでもいい」のならいいです。

ただ、お店の人に悪いから、つい「いいですよ」と反射的に言ってしまったものの……心の中では、「やっぱりハーブティーが飲みたかった（涙）」と思ってしまうのなら、それは、あなたを軽んじているということです。

ここで「天秤《てんびん》」をイメージしてみてください。

店員さんの顔色を見て、「言ったら悪いかなぁ」と思ってしまって言えないのだとしたら、**あなたと相手を天秤にかけ、あなたを軽んじたということです。**

「これがほしい」「これは嫌」というあなたの気持ちを大切にしてください。ぞんざいに言うのではなく、丁重に希望を伝えればいいのです。

周りの人は、そこまであなたの本音に注意を払っていません。あなたが言葉にしないと、誰も気づかないのです。

「あっ、私、また相手より、自分を軽んじている」と気づいたら、「本来のあなた」にふさわしいものを選択し直してください。

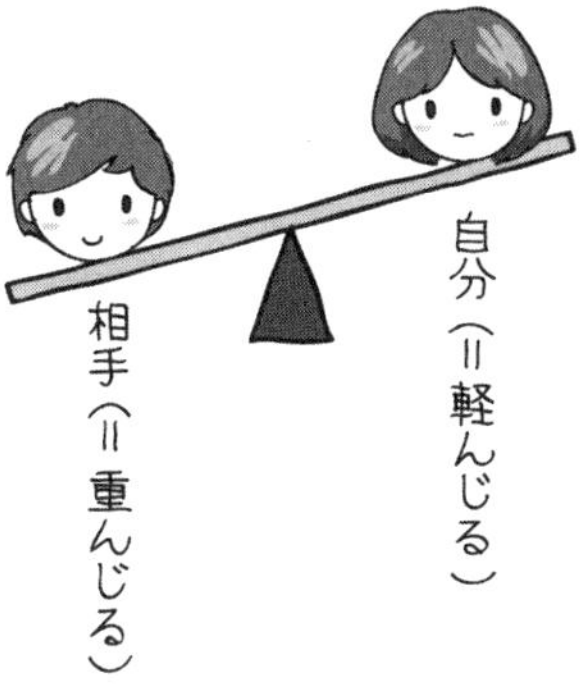

あなたの心が本当に望んでいること、やりたいことは、我慢せずに、ちゃんと言葉で伝え、行動してみてください。

ひとつひとつは「たいしたことがないから」と流せるかもしれませんが、一事が万事ですよ。

●「未来の視点で選択する」ことが、人生を変えていく

たとえば、高級ブランド店に行った時。

お店の人が、「どうせ買わないだろう」という風に、あなたを軽んじた扱いをしたり、相手にされなかったとしても、おどおど&ドキドキしないで。「だって、私、どうせ買わないから、仕方ない」なんて、思わないでください。


「見るだけでもいいですか?」

と礼儀正しく、堂々とした態度で振る舞ってください。それが本来のあなたにふさわしい扱いですから。


たとえば、ショップでのお買い物。

試着したり、アドバイスを受けたりすると、お店の人に悪いからと、断れずに、つい余分なものまで買ってしまうこと、ありませんか? 応対してくれたことには丁重に感謝して、必要のないものを無理して買うのはやめましょう。その時は笑顔でこう言ってみてく

ださい。

「見せてくださってありがとうございます。また来ますね」

たとえば美容院で、ヘアオイルをすすめられた時。

「いつもお世話になっているから」と、不要なものを買ってしまって、結局一度も使わない。似たような経験をされた方は、多いのではないでしょうか。

「本来のあなたにふさわしい選択をする」

＝

「誰よりも、あなた自身を大切に扱い、尊重する」ということです。

そのために、「したい」「いらない」「できない」「嫌い」は、ちゃんと伝えてください。

こんなに頑張っているあなたを、粗末に扱うのは、もうやめましょう。

最後に、

「わかっているけれど、そんなこと無理！　できない！」

と思うあなた。

「できるか、できないか」は、**今の視点**です。「やるか、やらないか」は、**未来の視点**です。「自分にふさわしいかどうか」という、**未来の視点**で選択してみると、あなたの未来が変わりますよ。

●なぜ自分への感謝が大切なのか

前章でもふれましたが、世の中で、ここまで自分のために、けなげに尽くしてくれるのは自分だけです。どんなにダメ出ししても、他の人にはなれないし、「他の誰か」と取り替えることもできない。だったら、自分と大切につきあっていかないと。

「自分を大事にするとはどういうことか、よくわからない」

「甘やかすことと、どう違うの？」

そんなご質問をいただくことがよくあります。

そこで、「あなたの一番大切な人」をイメージしてください。

「自分を大切に扱う」ということは、わかりやすくいえば、「あなたの大切な人にしてあげたいことを、自分にもしてあげる」ということです。

大切な人にプレゼントしたいものを、あなた自身にもプレゼントしてください。大切な人にかけてあげたい言葉を、あなた自身にも伝えてください。大切な人を招待したいようなお部屋に、あなた自身、身を置いてください。あなたの小さな願いにも耳を傾け、叶えてあげましょう。そうやって、あなたに**感謝の気持ち**を表現してみてください。

いつか、あなたを幸せにしてくれる白馬の王子様が現れるのを待つのではなく、まずはあなたが、あなたを世界で一番の存在として、扱うのです。

食べるもの、空間、気持ち、身の回りのもの、**あなたの周りを取り囲むすべてのものがあなたのエネルギーに影響を与えて、「本来のあなた」を引き出していきます。**だから「とりあえずのもの」で、身の回りをかためないことです。

その人の持っているものを見て、「～さんらしいお洋服」「～さんらしいお部屋」という表現を使いますよね。**あなたの半径3メートル以内にあるものが、あなた自身をつくっているのです。**

「なぜ自分への感謝が大切なのか」

あなたの中には、たくさんの命が眠っています。

あなたに感謝するということは、あなたの中に眠る、たくさんのご先祖様への感謝でもあり、あなたに命を捧《ささ》げてくれた動物・植物・果物への感謝にもつながります。

あなたを大切にすれば、その命たちがはたらいてくれるのです。

◎自分を大切にする人ほど、運はますます良くなっていく

●食べ物の選択が、「らしさ」をつくる

たとえば、本当に食べたいものは別にあっても、つい「タイムサービス」や「値引き」のシールが貼《は》ってあるものに「お得だから」と手を伸ばしてしまう。

たとえば、コンビニでペットボトルのお水を買う時、「１５０円」と「１１０円」を見比べて、瞬時に安い方を選んでしまう。

そんなことはありませんか？

本当は、１５０円の方が気になっているのに、40円の差額をケチったら、自分はその価値ということになってしまいます。安い高いで選ぶのではなく、「自分はどっちがほしい？」と気持ちを尊重してあげてください。大切な自分にふさわしいものを与えてあげるのです（※無謀な浪費とは違います。浪費は、かえって出ていく流れを創りますから）。

会社帰りのスーパーで、ブロッコリーを買い、トマトやベーコンと一緒にさっといためるのもお手軽です。手が込んでいなくても、あなたのために、おいしくて体にいいものを！

●きれいなものを身につけよう！

見えないからと言って、使い古したヨレヨレの下着を身につけていませんか？

どうせ今日着るからと言って、洗い立てのパジャマを、ソファの上に投げ置いていませんか？

毛玉だらけのセーターや、何年も着続けている部屋着こそ、自分に着せてはいけないのです。

「みんなが持っているから」とか、ブランドや高い安いに関係なく、あなたの「好き」「心地よい」を基準として、選ぶようにしてください。

普段使っている小物、お洋服やアクセサリーのデザイン、色、素材にも意識を向けてくださいね。

●体をケアすると、幸運は集まってくる

忙しい日々を過ごし、仕事の渦に呑み込まれそうになっているあなた。

・疲れていても「もっともっと」「あと少しだけ」と、無理をしてしまう
・手や足がカサカサでも、ハンドクリームを塗るのを忘れてしまう
・肩がこっていても、マッサージになかなか行かない
・本当は湯船につかるのが好きなのに、シャワーですませている
・つい、はげたままのネイルで出勤してしまう

いかがですか？　頑張りすぎのあなたはドキッとしてませんか？（笑）

忙しい時こそ、体をいたわり、心をほぐしてあげてください。好きな入浴剤を入れ、アロマをたいて、キャンドルの灯りの中でゆっくりお風呂に入ること。ハンドクリームやボディークリームを塗って、ほんの少しでも、ゆったりする時間を過ごしましょう。

体を洗う時、ひとつひとつのパーツに「ありがとう」「よくやってるね」と、感謝を伝えてあげるのもいいですよ。

●空間には意識がある

仕事や遊びに忙しく、片づけや掃除に手が回らず、散らかった部屋でますます疲れがたまってしまうような時。お部屋を「ホッとくつろげて、疲れを癒《いや》せる場所」にするため、気乗りのしない飲み会などはお断りし、その分、お掃除をしてみましょう。

お部屋のカーペットに掃除機をかけたり、棚の上にうっすらほこりがたまっていないかもチェックしてください。いらないものは思いきって処分すると、心も体も軽くなります。

また、**空間には意識があります**。お世話になっている空間（自宅・職場）に話しかけてみてください。「いつもありがとう」「今日もよろしく♪」。すると、空間があなたを応援してくれるようになります。

●行動を「具体的に」変えてみよう

どんなに「幸せになる方法」を学んでも、現実が変わらない時は「日々の行動」を見つめてみましょう。これまでの「習慣」があなたをつくっています。あなたの中に定着した習慣を変えないと、現実もなかなか変わりにくいのです。

①「無意識にダラダラやっていたこと」をやめてみる

・時間の無駄と思いつつ、なかなか切れない長電話
・何をするわけでもなくダラダラゴロゴロ
（「今日はリラックスする」と決めてダラダラするのはＯＫです）
・目的もなく、遅くまでネットサーフィンしてしまう
・特に面白いわけではないけれど、チャンネルを次々にかえ、テレビを見続ける

②本当はやりたくないのに、ついやってしまうことをやめてみる

・気乗りしない飲み会へ参加する
・飲み会でお酌《しゃく》やお料理を取り分ける
・休日にたくさん予定を入れて、手帳を埋める
・会うと疲れる人、何となくつきあっている人と、食事に行く

③やりたいのに、なかなかできなかったことをやってみる

（考えるだけでワクワクすること。心ときめくこと。すごく楽しいこと！）

・新緑の小道をお散歩する
・前からほしかった小物を、まとめ買いしてみる
・日帰りで温泉に行って、ゆっくりしてくる
・平日午後のひと時、有休を取って、極上のシャンパンを飲んでみる
・ベビーシッターにお願いして、自分のための時間（美容院、映画、コンサート、お買い物など）を楽しみ、リフレッシュする

④新しい習慣を取り入れてみる

・目覚めた時、楽しいことを一つ考えてみる
・予定のない休日には、思いきって携帯をオフにする
・週に一度は、テレビをつけない日をつくる
・「～ながら」をやめる：歩きながらの携帯。テレビを見ながらの食事
・一日のうち、自分の魂《たましい》の声に耳を傾ける、静かな時間を過ごす

思うままに生きても、案外、周りは受け入れてくれるものです。そして、世界はあなたに対して、意外と優しいことにも気づくはず。

このように、快・不快の感覚を意識し、あなたにとって「楽しいこと」「心地よいこと」をしてみてください。それがあなたを大切にするということです。

●イライラするのは、限界を超えて頑張りすぎているあかし

最後に、人と接するお仕事をされている方や、与える立場の人は、つい周りに意識が向いて、自分のことは後回しになってしまいがちです（もちろん、主婦もです）。

知らないうちに、心も体も枯《か》れきっていませんか？

イライラしたり落ち込みやすいのは、あなたが限界を超えて頑張りすぎているからです。

疲れたと思ったら、何より自分への愛情を注いでください。

誰かのために生きるのではなく、あなたのことを考えてください。
誰かに愛を注ぐ前に、まず、あなたが潤《うるお》ってください。
いくらあなたに愛を注いでも、多すぎることはありません。

心のスポンジが潤っていれば、多少のことでイライラしたり、落ち込んだりしなくなります。満たされたあなたは、人にも優しくできるのです。
また、あなたが満たされた状態でいると、自然界のエネルギーにも調和しやすくなり、シンクロやいいことが起こりやすくなります。

幸運は天秤と同じ。あなたを大切に扱った分だけの幸運が手に入ります。

人生で最も大切にするのは、あなた自身です。

第3章

もう振り回されない！　あなたは、あなたのままでいい

●期待にこたえることで、本当のあなたを見失っていく

クライアントのAさんは、ボーイッシュで、明るく元気な方です。「傷つかなさそうだから」と、結構キツいことを言われたり、「Aさんは面倒見がいいから、お願いできる?」と何でも頼まれたり。

でも実は傷つきやすいし、無理して引き受けていることもたくさんあったそうです。周りから期待される通りに、明るく振る舞ったり、弱い自分を出せずに、一人で抱え込んでしまう。そして、「本当の自分はこんなんじゃない」「誰もわかってくれない」と、悩んでいました。

相手のイメージに合わせて、背伸びをしたり、自分を抑えていると、無意識のうちに、相手にコントロールされてしまいます。

相手のあなたに対するイメージは、あなたのほんの一部であり、すべてではありませ

ん。一部にだけ合わせて振る舞うと、次第に「本当の自分」から遠ざかってしまいます。

人は多面的な生き物です。

それなのに相手は一面だけを見て、「この人は○○な人」と思い込み、あなたのイメージを勝手につくり、役割を期待してしまうのです。

たとえば、「いい人」というレッテルを貼られていることがわかると、やがて、「いい人」というイメージに合わせて行動するようになります。「しっかり者」だと思われると、辛くても弱音を吐けず、苦しくなってしまいます。

「～さんらしくないですね」「意外でした」と言われた時にこそ、「私、色々な面があるんですよ」「そういう風に見られるけど、意外と○○です」とさらりと答えてください。

先程のAさんなら、「ボーイッシュな部分もあるけど、乙女な面もあるんですよ」「強く見えるようですが、意外ともろいんです。落ち込むこともいっぱいあります」「結構、だらしないんです」と素を出せばいいのです。

相手の期待とずれても、あなたが悪いわけではありません。ビックリされても、意外に思われてもいいのです。「○○な人と思っていたのに、残念」と言われても、がっかりする必要はありません。

色々な面があっていい。相手の期待に、無理に合わせなくてもいいのです。

あなた以上でも、あなた以下でもありません。

それが、周囲の評価に、振り回されない第一歩ですよ。

●いい人になりたくて、NOと言えないあなたへ

NOと言えないのは、相手を思いやる、優しい人に多いのです。
ただ、我慢しすぎると、負のスパイラルにはまってしまいます。

「相手からの評価＝自分の存在価値」

そう思っていると、嫌われることへの恐れが強くなり、ＮＯが言えなくなってしまいます。他人から理不尽なことを頼まれたり、粗末に扱われても、「私一人が我慢すれば」と許してしまいやすいのです。これが相手の「わがままなスイッチ」をＯＮにしてしまいます。

我慢することで得られる「嫌われない安心感」は一種の麻薬のようなもの。でも一時的にすぎません。

「相手＞自分」になりすぎる人は、相手から粗末に扱われたり、失礼な対応をされてもいいと、無意識のうちに許可しているようなもの。

相手から大事にされたかったら、まずあなた自身の気持ちを大事にすることです。

あなた一人が我慢し、無理して合わせるのではなく、きちんと断る勇気を持ちましょう。理不尽なリクエストには、NOと言うことです。これは、わがままとは違いますよ。

NOを言うことは、「相手との意見の違いを表現すること」であり、「相手を否定すること」でも、「受け入れないこと」でもありません。

あなたと相手との「心地よい境界線」を育てるのです。

心ではキッパリ線引きをし、伝え方は、思いやりを持って。必要であれば、時には**ホワイト・ライ**も許されると思います。

ホワイト・ライとは、相手を思いやるための「優しいウソ」。「気が進まないから、行かない」ではなく、たとえば「予定があるから、また今度誘ってね」のように、やんわりと相手を傷つけないために使うのです。

あなたがどう言っても、相手は自分の都合やその時の気分で、見たいものだけを見て、聞きたいことだけしか聞きません。相手がどう受けとめるかは相手次第なので、あなたは淡々と伝えればいいのです。

それであなたを拒否する相手とは、「つながらなくてもいい」というくらいの開き直りの気持ちも必要です。たとえ批判されても、必要なければ流せばいいのです。

あなたの人生。あなたが心地よいものを選択していきましょう。相手に振り回され、自分を見失うことのないように。

●友達の「マイナス感情のゴミ捨て場」にならない

「ちょっと聞いてほしいことがあるんだけど」

そう言って、夜遅くに友人からかかってくる一本の電話。

気づくと、愚痴《ぐち》の長電話が延々と続きます。

喜んでもらえるのは嬉しいし、必要とされるのなら、頑張らなきゃ！

でも「話して楽になった」と言う相手とは反対に、あなたはグッタリ。

このようなことが、よくあるなら要注意です。

「喜んでもらえて良かった」と、あなたが心地よく思える範囲ならいいのです。ただ、「ちょっと無理しているかも」と感じるなら、その気持ちは「友人より、あなたの方を軽んじている」というあらわれ。無理に合わせていると、あなたがすり減ります。友人の嫌な感情に巻き込まれ、相手の「マイナス感情のゴミ捨て場」になっている可能性があります。

やってあげるのは、「感謝されなくても、やってあげたい」と思える範囲まで。あなたが無理をして、誰かの「マイナス感情のゴミ捨て場」になる必要はありません。

「友達なのに、聞いてあげないのはひどい」「冷たいのかも」というのは、必要のない罪悪感です。

そういう人は、たいして恩も感じませんし、当たり前だと思っています。どんどん、あなたを軽んじていきます。相手を思いやる気持ちは尊《とうと》いですが、無理に合わせていると、心も体もまいってしまいます。

本当の友達なら、本当に困った時には助けを求めるでしょうが、「友達だから」という言葉に甘えて、あなたを軽んじたり、必要以上にあなたの時間を浪費したりはしません。

人を大切にすることと、自分を粗末にすることは違います。

あなたの時間は、あなたの命そのもの。大切にしてください。

「友達ゼロ宣言」、してみませんか？

「できれば一人でも多くから好かれたいし、嫌われたくない。人の前では『いい人に見られたい』、親の前では『いい子でいなきゃ』という思いで、本当の自分を表現できず、押し込めて、今まで生きてきました。でも、人に合わせるのは疲れます。苦しかったし、私って何のために生きているんだろうって思っていました」

そんな風に言っていた、クライアントのMさん。

すべてを大事にしようとすると、本当に大切な人やものを、取りこぼしてしまうことがあります。

「たくさんの人」に時間やエネルギーを使うと、「大切な人」に使う時間やエネルギーが減ってしまいます。

「気が乗らないけど、友達だから行かなきゃ」と、必要以上に相手に合わせて疲れてしまったり。相手が期待にこたえてくれないと、裏切られたと感じたり。「本心を出したら嫌われそう」と気持ちを抑えたり。「いつも私ばかり、損してる」と思ったり。

そうやってストレスがたまり、我慢の限界をこえると、一番大切な家族や友人に、八つ当たりしてしまうかもしれません。

そんな時は一度、**「友達ゼロ宣言」**して、リセットしてみませんか？

友達付き合いをやめたり、こちらから縁を切るのではなく、
- 義理で相手に合わせたり、無理することを一切やめてみる
- 飲み会に誘われても、気持ちが乗らなければ、「予定があるから、また今度！」（誘ってもらったことには感謝をして、さらりとお断りする）
- 「相談に乗って」という電話がきても、疲れていたらスルー
- 頼まれごとには、気が向いた時にだけ応じる
- 言いたいことは正直に言う。煙たがられても気にしない
- 言いわけしない、とりつくろわない、飾らない、ごまかさない
- 誰かに会いたいと思ったら自分から積極的に会いに行くし、今、目の前にいる人との時間を最高に楽しむ。でも、たとえその人の態度が翌日冷たくなったり、その人と二度と会えなくなったりしても、それはそれでいいと思う。気にしない

強がったり、いばったりするのではなく、ただそのまま。正直に生きる。

そうやって開き直ると、エネルギーがリセットされ、心が軽くなります。そして、取りまく人間関係がビックリするぐらい変わります。

人生で本当に大事な人は、それほど多くありません。あとは出たり入ったりするものです。

あなたが心を込めてボールを投げても、スルーする人もいます。それどころか、石を投げ返してくる人もいます。しっかりと受けとめ、ちゃんと返してくれるのは一人か二人。それで十分なのです。

「そのままのあなたがいい」と言ってくれる人だけは、きちんと大切にしましょう。エネルギーを注ぐのは、その人たち中心でいいのです。境界線を引くことは冷たいわけではなく、**本当に大切な人のために使う時間と心のエネルギーをためているだけなのです。**

「つきあいづらい」「利用されてる?」と感じていた「友人」は見事に去り、無理せずつきあえる「友人」はちゃんと残ります。

そうやって仲良くなった人たちは、より深いつながりを感じられる人たちです。正直に生きた方が、より大切に扱われるようになります。疎遠になりそうな人がいたら、いったん手放してみるのもいいかもしれません。心が楽になりますよ。

いい人をやめると、すべてがうまく回り始めるという人は、不思議と多いのです。

●「ほしいものはほしい！」と言おう

本当にほしいものは「ほしい」と素直に言うことです。

Sさんは、「好きなことをやったり、ほしいものをほしいと言うのは、わがまま」「欲ばらずに、譲《ゆず》るべき」と思ってきました。

ところが、ある日、会社で衝撃的なことが起こりました。

お客様から、何種類ものケーキをお土産《みやげ》にいただいたのです。Sさんは、チョコレートケーキが大好きでしたが「どれでもいいですよ。私は残ったもので」と、周りに譲ったのです。その時、Sさんにとっての事件が起こりました。新人のYさんが、「私はチョコレートケーキがいいです♪」と笑顔でさらりと言い、唯一のチョコレートケーキを持っていってしまったのです。

「なんて図々しいの！　新人のくせに！」とSさんは悔しさでいっぱい。でも、驚いたことに、周りの人はそんなことは、まったく気にしていなかったのです。それどころか、それ以降、何か頂きものがある度に、「Yさんは、チョコレートケーキが好きだったよね」と、チョコレートケーキはYさんのところへ運ばれていくようになったのです。

遠慮して、あなたが「ほしい」と言わなければ、誰かに持っていかれてしまいます。ささいなことでも「言えば良かった」という後悔が残ってしまうなら、もったいないですよ。

たとえば、有給休暇がたくさん残っていても、「休みを取りたい」と言う勇気が出ない時。遠慮して黙っていれば、誰も気づいてくれません。そんな時、同僚や後輩がさらっと有休を取ってしまったら、内心穏やかではいられないはずです。

「その時期は仕事が忙しいから、休みたいなんて言えない」とあきらめるのではなく、まずは伝えてみましょう。

あなたが少しお疲れなら、時には、「周りのお役に立てる選択」ではなく、「あなたを尊重する選択」をすることも大切です。

「言えないままで不満をためた現状維持」と**「伝えた上で、叶わなかった現状維持」**では、まったく違うのです。

「我慢してくれて助かる」「譲ってくれて偉いね」

あなたがもし、小さい頃にそう言われたとしても、それはもう過去のこと。

あなたが本当に望んでいることなら、誰かに気づいてもらえるのを待ったり、自然と順番が巡ってくるのを待たないで。「これがほしい」「これをやってみたい」「有休が取りたい」と、素直に伝えてみてください。

これは、欲ばりや、わがままではありません。人は本当に満たされた時に初めて、誰かを幸せにしたくなるものです。**あなたがほしいものを得ることは、結局は、周りの人の幸せにつながっていくのです。**幸せになるのに、遠慮はいりません。

●あなたの感情は、死にかけの心電図になっていませんか？

幸せそうなフリ、前向きなフリ、強いフリ、うまくいっているフリをしていませんか？

本当は悲しいのに、平静を装《よそお》ってしまう。

本当はとても怒っているのに、顔は笑ってしまう。
大丈夫じゃないのに、平気なフリをしてしまう。
落ち込んでいるのに、心配をかけたくなくて、元気なフリをしてしまう。

Wさんは、大学生の頃、お母様を亡くしました。

葬儀が済んでから、できるだけ人前では泣かないようにしていました。
友達が心配して声をかけてくれても、気丈に笑顔でいました。本当は声を上げて泣きたいのに、心配をかけたくなくて、お父様の前でも、つとめて明るく、元気に振る舞っていました。

そのうちWさんは、一人でいる時も泣けなくなってしまったのです。自分の気持ちが落ち着いたのだと思っていましたが、他のことでも、怒りや悲しみを感じなくなってしまいました。心がマヒしてしまったようなのです。

「泣きたいのに泣けない」

「自分の気持ちや、本当にやりたいことがよくわからない」

「イライラしても、怒りを表現する方法が、よくわからない」

そういう方は、これまで我慢して、一人で頑張ってこられたのでしょうね。多くの人が「感情的になってはいけないから、ぐっと抑えて我慢しないと」と思っているようです。

ただ、感情にフタをして抑え込んだり、平気なフリをし続けていると、「感じる力」がだんだん鈍くなってしまいます。そして、自分の本当の気持ちや、心が望んでいるものさえ、わからなくなってしまうのです。さらには心や体の不調、ストレスにもつながっていきます。

ここに落とし穴があります。


感情のプラスとマイナスは一対なのです。

「イライラ」や「悲しみ」というネガティブな感情を抑えてしまうと、逆に、「嬉しい」「幸せ」「楽しい」というポジティブな感情も感じにくくなってしまうのです。

針の振れない図＝可もなく、不可もない人生

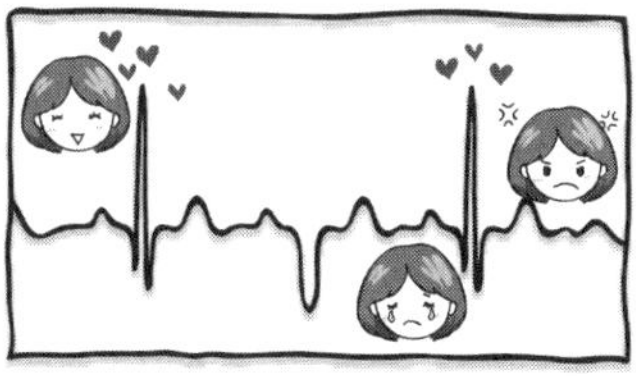

アップダウンの激しい図＝味わい深い人生

死にかけの心電図のように、心の針が振れなくなり、感じる力がマヒしてしまいます。

ネガティブ感情は「痛み」のようなもの。「痛み」は、無視し続けると、いつか爆発するか、心がマヒしていきます。悲しいかな、人間の防衛本能ですよね。

後者なら、次第に何をしても、無関心・無気力・無感動になってしまいます。感動を味わうためには、プラスもマイナスも両方の感情が必要なのです。

今、泣きたいのなら、泣けばいいのですよ。それは弱くなるのではなく、しなやかで、自然体な生き方です。

心に嘘をつくことは、自分を一番傷つけます。
本当の気持ちに素直になれば、本当の幸せが手に入ります。

●ポジティブ神話に流されないで

「ネガティブな感情」について、もう少し見ていきましょう。


仕事や人間関係で、思いがけないトラブルが起きた時。

孤独や不安で、胸がいっぱいになった時。

人に対して、ねたみや冷たい感情を抱いてしまった時。


「いつまでも落ち込んでいちゃダメ。早く気持ちを切り替えないと」

「弱音や本音にはフタをして、頑張らないと」

「こんなブラックな感情を持つのはいけない」


そうやって、気持ちを前向きに切り替えようとしがちです。いつもニコニコしているのは、実は自信がないから……という人も少なくありません。

でも自分を大切にするとは、不安やネガティブな感情を見ないふりをすることではありません。気持ちを切り替え、すぐに立ち直ろうとすることでもありません。「不安」も「怒り」も「悲しみ」も「嫉妬《しっと》」も、すべてあなたの一部です。

先程もお話しした通り、今の気持ちを素直に認め、悲しみや怒りを味わうのは、大切なこと。常に前向きに切り替えようとする「ポジティブ神話」に流されて、無理に明るく振る舞わなくてもいい。ブラックな自分がいてもいいのです。

まずは、あなたの心にたまった気持ちを、思いきり吐き出しましょう。

ノートを1冊創り、このノートにあなたの気持ちを書き出してください。
怒り、不安、憎しみ、悲しみ、嫉妬など、あなたの心を占領している気持ち。
一方的に人を責めても、どんなに汚い言葉で書いても、何でもOKです。

「くやしい！」「バカバカバカ——!!」
「あの人、ずるい！　許せない！」「うらやましい」
「ひとりぼっちでさみしい」「なんで、私ばかり」

誰にも見せないので、「ここまでは言っちゃいけないかも」「こんなこと書いていいのかな」という罪悪感は覚えなくてＯＫです。

あなたの心の声に耳を傾けるようになると、気持ちがすっきりして、軽くなります。**フタをしてきた感情を認めると、癒しが起こります。**ちゃんと「感情を味わえる人」は、人の感情にも寄り添うことができるのです。

最後に、「人の治癒《ちゆ》力」ってすごいそうです。

トゲが手に刺さっても、抜かないでそのままにすると、トゲも自分の一部として受け入れ、トゲとともに皮膚が新しく再生していくそうです。

でも、何かの時に、トゲにふれると、やはり痛いのです。
痛みは伴いますが、トゲを「ないもの」にせず、しっかりと抜くこと。
思いきってトゲを抜くと、血が出ます。
でも私たちには、それを治す治癒力もちゃんと備わっているのです。
勇気を持って、向きあうことで、根本的に治癒していきます。
これは、人の心の痛みも同じですね。

泣くことを恐れるな。涙はこころの痛みを流し去ってくれるのだから。
（ホピ族の格言）

●あなたはもっと甘えてもいい

「人に迷惑をかけてはいけない」「依存してはいけない」と、よく言われますよね。

でも「依存」は成長していく上で、とても大切なことです。

人の成長プロセスには**「依存」「自立」「貢献」**の3段階があります。

成長する時には、最初に必ず「依存」のプロセスが必要なのです。

赤ちゃんは無条件に愛される体験をします。

「お母さん、ミルクは自分で作りますから、気を遣《つか》わないでください」

「今月の食費は、来月ちゃんと働いて返しますから」

そんな赤ちゃん、いないですよね。

赤ちゃんは、すべて人に助けてもらい、どんなことをしても、愛され、認められる体験をします。すると、「そのままでいい」「生きていていい」「ここにいてもいい」という安心感が生まれます。

何をやっても見捨てられない。すべて受け入れてもらえる。そんな風に、親に十分に甘えて「依存」すると、自然に、自分の足で立てるようになります。これが「自立」の段階です。

人は「自立」し始めると、今度は人に何かしてあげたくなります。誰かの笑顔が見たくて、周りに「貢献」したくなるのです。

でも現実では、十分に「依存」できていない状態でも、弟や妹が生まれたり、両親が仕事で忙しかったりすると、無理に「自立」を求められてしまいます。子ども心に「しっかりしないと」と、無意識でも感じるものです。

まだ「依存」が必要な状態なのに、「自立」や「貢献」を求められてしまうから、無理が生じ、息苦しくなってしまうのです。

貢献は「しなくてはいけないもの」ではなく、しっかり依存し、自立するプロセスを味わうと「自然としたくなるもの」です。

「人のために頑張っている人を見ると尊敬はするけれど、私には無理」
「〝人よりも自分〟と思ってしまうのは、冷たいのかも」
「いつも周りを気遣うあの人に対して、私は自分のことばかり」

もしそう思うのなら、まだ「依存」のステージが必要かもしれません。そんな時はやせ我慢せず、もっと甘えることを、自分に許してあげてくださいね。

●「助けて」が言えないあなたへ

Cさんは、長女で周りから「しっかり者」「いい子」「優等生」と思われていました。周りを気にして、周りから求められるとこたえてしまうのですが、自分からは、人に頼ることができません。

助けてあげるのは得意だけど、自分は「助けてほしい」と、なかなか言えないあなた。


本当は大丈夫じゃない。

本当は助けてほしい。

でも、

「恥ずかしい」「かっこ悪い」

「断られたり、傷つくのが怖い」

「ダメって思われたくない」

そうやって、自分から壁をつくっていませんか？


一人でやり遂《と》げようとするのは、もちろんすばらしいことです。ただ、自分だけではどうしようもなかったら、ちゃんと「助けて」と言ってください。

助けを求めるって、大事なんです。

いいんですよ。弱音だって。

本当に辛い時や困った時には、「助けて」と言ってみてください。

「弱音を吐いてはいけない」

「迷惑をかけてはいけない」

と、一人で何もかも、抱え込まなくていいのです。

あなたが苦しいなら、人目を気にしている場合ではありません。あなたのことは、あなたが守ってあげないと。あなたが言わなければ、誰も気づかないのです。

世の中、そんなに捨てたものではありません。もちろん、100人に助けを求めた時、100人すべてが助けてくれるわけではないと思います。

でも、大丈夫。たった一人くらいはいます。助けてくれる、優しい人が。そんなたった一人がいれば、十分です。

もう、一人で頑張らなくてもいいのです。

ここまで、一人でやってきたのですから。

そして、あなたの周りに助けを求めている人がいたら、そっと声をかけて、手を差し伸べてください。悲しんでいる人には、そっと寄り添い、困っている人とは、あなたの持っているものを、分かちあってください。

「助けて」と言うこと。
「助けて」と言う人に、手を差し伸べること。
この二つがあれば、人生、とても楽に、豊かになっていくと思います。

●あなたのできないことは、誰かの才能

あなたが一人で頑張りすぎることで、相手の活躍する場や、必要とされる喜びを奪っている場合もあります。

あなたのできないことは、周りの誰かの才能です。

お願いするということは、「相手の才能をいかす」ことです。

Dさんはご自宅で、ホームパーティーをすることになったのですが、お料理が大の苦手で、憂鬱《ゆううつ》でした。そんな時、友人のYさんがお料理係を申し出てくれたのです。「私、お料理が大好きなの！」と。

当初、Dさんは「そんなことしてもらうと申し訳ない」と遠慮がちでしたが、結局、Yさんにお願いすることになりました。

Yさんは「長年、ホームパーティーの場でお料理するのが夢だったので、こういう機会をもらえて嬉しい！」と大喜び。当日のパーティーでも、Yさんのお料理は大好評！Dさんもそれに対し、「うわぁ、すごい！ ありがとう。本当に助かった！」と感謝の気持ちでいっぱいでした。評判は広がり、Yさんは活躍の場を広げていきました。

あなたの周りには、あなたが思っている以上に、すばらしい才能を持った人たちが、たくさん眠っています。

一人でできることは所詮《しょせん》、知れています。自分だけではどうしようもないことや苦手なことは、得意な人に助けてもらえばいいのですよ。

苦手なことをお願いすることで、あなたが本来やるべき役割に注ぐエネルギーが増えます。結果として、「周りを幸せにする力」も増していくということです。だから、無理しなくていいのです。


一人で抱え込みすぎないでくださいね。

あなたのためにも、周りのためにも。

◎遠慮なく受け取る人が、結局はより豊かになる理由
～受け取り上手になろう～

「人に何かをしてあげること」と同じくらい大切なのが、「好意を受け取ること」です。

人に何かをしてあげた時、「ありがとう」と受け取ってもらうと、心が満たされたことはありませんか？

「感謝して受け取る」ことは、「誰かの喜び」や「誰かの心を満たすこと」につながります。

それは「自分が誰かの役に立っている」「必要とされている」という喜びを、相手にプレゼントすることになるからです。

「相手のために、何かしてあげること」が愛だと思う人もいます。同じように、「相手がしてくれたことを受け取り、素直に喜びを表すこと」も、愛なのです。

たとえば、重い荷物を持っていた人に、「持ちますよ」と声をかけたとしましょう。「いえいえ、大丈夫です！」と断られるより、「ありがとう。とても助かります」と笑顔で受け取ってもらえた方が、申し出た立場としては嬉しいもの。さらに、最後に笑顔でお礼を言われたら、「やって良かったな」と、もっと幸せな気持ちになるはずです。

差し伸べられた優しさや好意は、「申し訳ない」と思わず、ちゃんと受け取ってください。それはあなただけでなく、相手を尊重することにもつながります。

ほめ言葉も同様です。１ミリも漏らさず受け取りましょう。

ちゃんと受け取ることによって、本当の意味で、相手を満たすことができ、同時にあなたも「与える人」になれるのです。受け取ってくれる人がいるから、幸せになれる人がいるのです。

最後に、受け取る際は、しっかりと感謝の気持ちを伝えてください。

「本当にありがとう」「嬉しい」「助かります」

「さすがですね」「すごい」「すばらしい」と。

「やってあげたかいがあった」「あんなに喜んでくれると、もっとしてあげたくなる」。そう思ってもらえるくらい、感謝の気持ちを表現してください。感謝やねぎらいの言葉は、心にずっと残ります。

それが、相手の心を満たし、相手の才能をいかすということ。
それが、相手を輝かせるということ。

そして、お世話になった恩義は忘れずに、何かの形でお返ししていくことです（感謝は倍返しです♪）。

与えることも愛。受け取ることも愛です。

●さらけ出すと、愛されるのはホントなんです

頑張っている人は、弱いところを隠そうとしがちです。

でも、小さい頃のトラウマ、失敗体験、欠点、コンプレックス（学歴、能力、容姿・容貌、地位など）、金銭的なことなど、隠しておきたいことや言えない悩みは、誰にでも、一つや二つ、あるものです。

素の自分やダメなところをさらけ出してしまったら、
「人は離れていくかも」「見下されるかも」
「思ったよりたいした人じゃなかったと言われるかも」。

そんな恐れから、良く見せようとしたり、過去の傷や弱みを隠そうとしてはいませんか？

でも、もともと「ある」ものを隠すのだから、不自然なこと。隠そうとすればするほど、エネルギーが滞《とどこお》ってしまいます。また、強がって本心を話そうとしないから、みんなと一緒でも、どこかさみしさを感じて「自分は一人だ」と思ってしまうのです。

そんな時に、おすすめがあります。

「一番知られたくないこと」や「隠しておきたいこと（弱みや傷、本音）」を、思いきって、**自分から**話してしまうのです。**「私、実は○○なんです」と。**

グループコーチングでEさんは、今まで誰にも言えずに隠してきたこと（いじめにあったこと、両親が不仲だったこと、愛されたくて、必死で背伸びして、強がって生きてきたこと）を、おそるおそる告白しました。ただ実際、話してみると、驚くほど周りの反応がさらっとしていたのです。みんなの反応に、Eさんがビックリ。

それどころか、みんなから、そのままを丸ごと受け入れてもらえる経験をし、本当に癒されたそうです。それからは、人に心が開けるようになり、自分のことも好きに思えるようになったとか。

本当の自分に自信がないと、自分をさらけ出すのは怖いものです。傷つきたくないから、守ってしまいます。でも、本人にとっては大きな闇《やみ》でも、周りにとっては、それほどたいしたことでなかったり、気にしていなかったりするものです。

むしろ、
「話してもらって、親近感がわいた」
「飾らないそのままの方がいいよ」

「私も同じ体験したことがある」

と一気に、心の距離が埋まり、お互いの心に癒しが起こります。

あなたが必死になって隠していたのは、「絶対的に恥ずかしいこと」ではなく、あなたがただ「恥ずかしいこと」と思い込んでいただけなのです。隠しておくから、苦しくなるのです。欠点や弱いところを隠して、常に背伸びをしているのは、とても不安定な状態です。

人は完璧でないから失敗します。でも失敗するからこそ、愛されるのです。
そのままのあなたは、自分が思っている以上に、素敵な人です。

だから、もう「そのまま」でいいのです。もっと弱みを見せていい。良く見せようとせず、等身大でいた方が、あなたも周りも楽ですし、相手も本音を話しやすくなります。

本当の強さとは、弱さも闇もすべて含んだ、素をさらけ出せることなのです。

●いつも笑っている人ほど、心の中では泣いている

世の中のことはすべて相対しています。

「しっかりする」ことと、「弱さを見せる」こと。
「人に親切にする」ことと、「わがままを言ってみる」こと。
「チャレンジする」ことと、「安らぎを味わう」こと。

どちらが「いい」「悪い」ではなく、両極それぞれが同じように、必要なのです。
ただ、私たちは通常、左右どちらかに傾《かたむ》き、その傾いた軸で生きていることが多いのです。

どこか息苦しいようなら、今までとは違う「反対側の極」に、一度あえて振れてみましょう。一方に強く傾いていた人は、一度、反対側に思いきり振れることが大切です。

傾いた軸から、いきなり中心の軸へピタッと戻ることはないからです。やじろべえのように、何度か左右に揺れながら、重心を変え、最後は一番いいところに落ち着きます。

・生きることに疲れたら、ゆるむことを選択すればいい
・「いい人」で苦しくなったら、ちょい悪《わる》になってみてもいい
・人に尽くしすぎていたら、わがままに生きてみてもいい

時には、弱さや甘えや物欲を抑えず、とことん、ひたってみることです。

頑張っている人ほど、認められたいのです。
しっかりしている人ほど、甘えたいのです。
イライラしている人ほど、ゆるみたいのです。
強がっている人ほど、不安でいっぱいなのです。
本当はもろいのです。

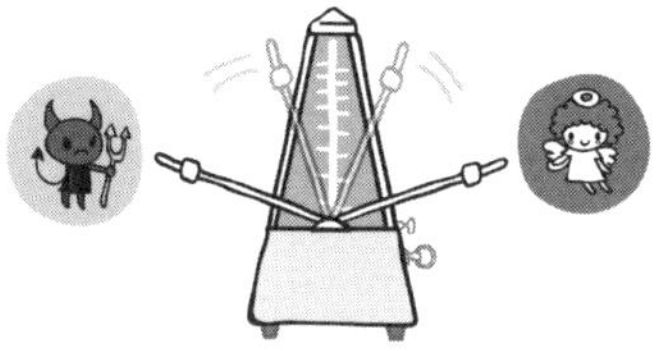

いつも笑っている人ほど、心の中では泣いているのです。

だから、時には真逆をしてみることも必要です。あなたの幸せには、両極のそれぞれが大事なのですから。

時には、ブレてもいいのです。両極への振れ幅が大きいほど、自分を表現する力、人を受け入れる力も広がります。

●人生のステージが変わると、孤独が訪れる

これまでお伝えしたことをやっていくと、あなたの周りに、ある変化が起こりやすくなります。

気づいたら、これまでの友達と会話や興味がかみあわなくなっていて、孤独やさみしさを感じてしまうことはありませんか？

「あれ、私、浮いてる？」

「話がかみあわない？」

「一緒にいても、前みたいに楽しくない。あれ？　あれ？」


そんな風に、周りと合わなくなって孤独を感じ始めたら、思い出してください。

それは、あなたのステージが変わり始めているサイン。

「変化」と「孤独」は一対です。

あなたが本当にやりたいこと、本当に望んでいることに向かって歩きだすと、ステージが変わります。

あなたのステージが変わる時、一時的にエアポケットのような状態が生じ、周りと合わなくなり、「別れ」と「孤独」が訪れるようになっています。

あなたが耐《た》えられなくて、意識して離れる場合もあれば、相手が離れていくこともあります。離れていく相手をつなぎ止めようとしたり、「一緒にいても楽しくないけど、さみしいから」という理由で、無理に合わせようとしないでください。

「誰も周りからいなくなってしまうのではないか」「一人になるのは怖い」と質問されることもありますが、逆に「本当のあなた」に必要なもの以外を手放すと、新しいものが得られます。

さみしさから逃げるのではなく、「孤独」をしっかり味わい、その場にとどまり続けてください。自分らしく生きるために、離れる勇気が必要な時もあるのです。

この孤独は一時的なものです。

新しいステージでのつながりは、以前とは比べものにならないほど、魂が喜ぶ、心地よいつながりです。

そして、そんな転機の時こそ、「あなたの人生の恩人さん」を大切にしてください。

これまでの人生で、特にお世話になった人、この出会いで人生が変わったという人、大切な人とのご縁をつないでくれた人を、思い浮かべてみてください。その人は、あなたの人生の恩人さんです。

この恩人さんへ、しっかり感謝をし、今まで以上にお返ししていくことです。するとエネルギーが上がり、次のステージに進みやすくなります。

【コラム】人生最低の日こそ、最高の未来につながる一日目

幸せになれると信じて、一生懸命生きてきたつもりだったのに、

なぜかうまくいかない
やる気が出ない
突然、崖《がけ》っぷちに立たされる

そんな時もあります。

何を間違えてしまったのだろう。
どこでボタンをかけ違えてしまったのだろう。
こんなはずじゃなかったのに……。

目の前が真っ暗になったかのようで、二度と、立ち直れない気がしてしまう。

でも、その絶望……、

実は大きなチャンスです。

人生最低と思える日こそ、すばらしい未来につながるスタートです。

人生の転機って、絶望とセットでやってくることが多々あります。

「うまくいかない」と思った時こそ、今までのやり方を変える、いい機会なのです。

どん底まで落ちたら、あとは上がるだけ。もうこれ以上、下はありません。

あなたがあきらめるのも、投げ出してしまうのも自由。

でも、投げ出してしまったら、あなたの人生、誰も何もしてくれません。

だったら、拾いに行かなきゃ。

あなたが拾わなきゃ。

過去、輝いていた時に戻らなくてもいいのです。

「私ほど、幸せな人はいない」と決め、新しい幸せに向かって、歩きだすのです。

あなたが本気で望んだ時、宇宙は全力で応援してくれます。

人生の流れを、もっと信じてください。

あなたの可能性を、信じてください。

大丈夫。あなたの人生に起こることは、すべていいことです。

すべてを「いいこと」に変えていく力を、あなたはちゃんと持っています。

第4章

心を変えると、仕事はこんなにうまくいく

仕事はあなたの人生そのものではない

今、あなたはどれくらいお仕事に満足していますか？

・頑張ってるわりには、認められていない
・誰がやっても同じような仕事の繰り返しで空しい
・自分ははたして、このままでいいのかな？
・もっと自分の力を発揮したい。やりがいがほしい
・どうしたら、「これだ！」と思える仕事に出会えるんだろう？
・もっと自分をいかせる仕事、自分にしかできない仕事をしたい

もしそう思っているのでしたら、まず、あなたの目の前にある仕事に、心を込めて、向きあってみましょう。

仕事は、あなたの人生のステージによって、いくらでも変わっていきます。あなたに準

備ができれば、ちゃんとふさわしい仕事が手に入るようになっています。

たとえば、事務職のUさんは、「プラスα《アルファ》の心配り」が格別です。

・訪問客の好み（飲み物、甘いもの好き）も覚えていて、誰でも「特別な人」として扱ってくれる

・打ち合わせが数時間に及んだ時のお茶を出すタイミングは絶妙！
暑い日だと、最初は、アイスコーヒーなど冷たいもの。だんだん体が冷房に慣れてくる時間帯には、あたたかいものというように、とても細やかに気を配ってくれる

お茶くみやコピーなど、誰にでもできる仕事だからこそ、その人のセンスが光ります。

Uさんはその後、別の企業のマネージャーとしてハンティングされたそうです。

どんな仕事でも、「プラスαの付加価値をつける」ことで、あなたらしさが生まれます。

仕事は、あなたの使命を表現する手段のひとつであり、人生そのものではありません。

「仕事の評価＝あなたそのものの価値」でもありません。

意図的にルートを探さなくても、今の役割を一生懸命はたし、役割を終えると、自然と次のステージが用意されるようになっているのです。

また、どんな仕事にも上下はありません。ただ役割の違いがあるだけです。

「何をするか」より「どんな気持ちでするか」の方が大切です。「お金をもらわないと、仕事ではない」なんて思わないでください。主婦業も立派な仕事です。

●「やらなくてはいけないこと」のために、自由を失っていませんか？

「好きなことを仕事にしたい」一方、会社では、やりたくないこともやらなくてはいけない時もありますよね。仕事のプレッシャーや不満を感じる時もあるかもしれません。

ここで思い出していただきたいのが、まず「**あなた自身が選んで、**その場にいるということ」。

厳しい言い方かもしれませんが、お給料のため、生活のため、世間的なもの、会社というブランド、守られている安心感。理由は色々あるでしょうが、会社は、あなたにお願いして、無理にいてもらっているわけではないのです。会社という「安全な箱」「守ってくれる枠」を、あなたが選んでいるのです。

・「嫌なのに、今の場所に、**いなくてはいけない**」
・「自分が、**選んで今の職場で、働いている**」

この違いは、あなたの潜在意識に、大きな影響を及ぼします。まず「**あなたが選んで、ここにいる**」ということを、明らかにしてください。仕事も、環境も、人生も、すべて自分が選んでいることがわかると、心の自由が変わっていきます。

その上で、あなたの中で、「好きなこと、やりたいこと、得意なこと」と、「嫌いなこと、やりたくないこと、苦手なこと」を明確にしていきましょう。あなたにとって苦手なことを、得意とする人や、やりたい人はたくさんいます。逆に、あなたの得意なことを、必要とする人もたくさんいます。

やりたいことや苦手なことを明確にするのは、**「わがまま」**ではなく、**「適材適所」**です。「仕事ができない」のではなく、「その仕事がたまたま、あなたにあわないだけ」のことも多いのです。

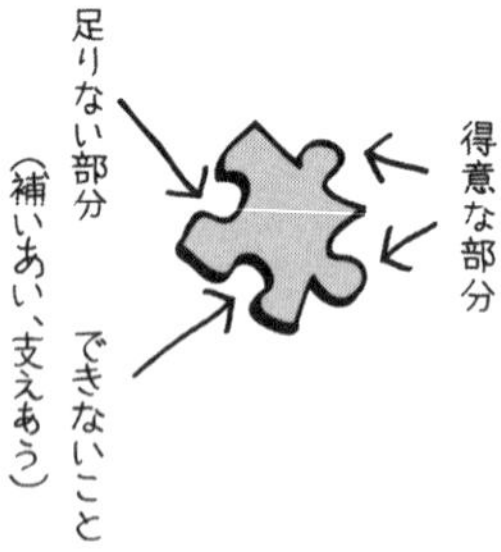

グループコーチングのTさんのお仕事は、苦手なデスクワークが中心。唯一、好きなことは、人前で話すことでした。

与えられたデスクワークの仕事は一生懸命やりつつ、まれに得意な仕事を任されると、とことん集中するようにしました。やがて、社内のイベント宣伝部への異動が決まったそうです。人前で話すことに、ますます自信がつき、今では、別人のようにイキイキ輝いています。

あなたの苦手なところは、無理に埋めようとせず、受け入れること。
そして、得意なことは、より伸ばしていくことです。

欠点は魅力のひとつになるのに、みんな隠すことばかり考える。
欠点はうまく使いこなせばいい。
これさえうまくいけば、何だって可能になる。

（ココ・シャネル）

●どうしたら「これだ！」と思える仕事に出会える？

「好きなことや、自分には何が向いているのかが、よくわかりません」
「どうしたら、自分はこれだと思える仕事に出会えますか？」

そういう質問をよくいただきます。

でも、そもそも「本当のあなた」は、好きなことをちゃんと、わかっているはずです。小さい頃、遊んでいた時に、何をしていると楽しいかは、ちゃんとわかっていませんでしたか？　それと同じなのです。

ただいつの間にか、色々な常識や思い込みを刷り込まれ、ワクワクする気持ちを忘れてしまっただけなのです。

少し気になること（興味のあること）があっても、「それはお金にならない」「コストがかかりすぎる」「私には無理」「時流にあっていない」「必要としてくれる人がいないかも」など、できない理由を頭で色々考えたり、制限をつけるから、「好き」「嫌い」という感覚が鈍ってくるのです。人生がどんどん、つまらなくなってしまいます。

たとえば、お菓子作りが好きなら、作ったお菓子を、友人にプレゼントしてみてもいい。ファッションに興味があったら、友人のお洋服のコーディネートをしてみてもいい。癒しに興味があるなら、アロマテラピーやマッサージについての本を買ってきて、家族や友人にしてあげてもいい。好きなことを、できる範囲で始めてみればいいのです。

プラネタリウムクリエイターの大平貴之氏は、星好きが高じて、小学3年生でプラネタリウムを作ったのだそうです。その後、ギネスブック認定の世界最高性能のプラネタリウムを個人で生み出しました。最初から「仕事になるかどうか」は考えていなかったでしょう。

「さかなクン」は、魚好きが高じて、「魚に詳しい素人《しろうと》」として、テレビに出るようになりました。現在では、講演や著作活動をしながら、東京海洋大学客員准教授としても活躍しています。「魚好きが、仕事になるか」とは、最初から考えていなかったと思います。

最初から制限をつけたり、頭で色々考えすぎてしまって、不安や恐れで動けなくなってしまう人はたくさんいます。もっと自由な気持ちで、心ひかれることから始めてみましょう。

いきなり天職を求めたり、「すぐに、好きなことを仕事にしよう」と思うから、難しくなってしまうのです。

「こういうもの」「こうすべき」という枠を外してみると、本当に好きなことが見えてきます。

私たちは、その人の使命にあった「好き嫌いという感覚」「ワクワクする感覚」「ホッと安心する感覚」を持って、この世界に生まれてきています。

「やっていて純粋に楽しいこと」が、やがて「人に喜ばれること」になり、それが「これだと思える仕事」につながっていきます。

●責任感で、大切なものを見失っていませんか?

もっと成長したいと思い、責任を持って仕事をすることは、すばらしいことです。

一方で、「自分を甘やかしてはダメ」と自分をすり減らし、ぼろぼろになるまで、頑張りすぎていませんか?「断るのが怖い」「良く思われたい」「できないと思われたくない」といって、無理しすぎていませんか?

人生を投げ出すほど働いても、会社は何もしてくれません。

仕事に没頭するあまり、あなたの幸せに対する「責任」を忘れないでください。仕事に縛られ、あなたの人生そのものを見失わないでほしいのです。

今のあなたは幸せですか？
本当にやりたい仕事ですか？
そこまでして、する価値のある仕事でしょうか？
何かを「犠牲《ぎせい》」にしてまで、手に入れたものは、あなたの本当にほしいものですか？

所詮、仕事です。たかが、仕事です。

「私にしかできない」「他にいないから、私がやるしかない」と無理しても、あなたが倒れれば、代わりはいるのです。あなたがどれほど優秀でも、あなたの代わりはいます。あなたがいなくても、会社は何事もなかったかのように、いつもと同じように、回っていきます。

どんなに会社に尽くしても、会社はあなたの人生に責任を取ってはくれません。

でも、あなたの人生には「あなた」しかいません。

あなたの人生の幸せに、責任を持てるのもあなただけ。代わりはいないのです。

無理は積もり積もると、爆発します。心や体は、あなたが思っている以上に繊細です。体のサインを無視して、「あと少し」「ここまでなら」と無理しても、限界ラインを越えれば、心と体は簡単に壊れてしまいます。悲鳴を上げる前に、少し休んで、一度リセットしてください。

かけがえのないあなたの人生です。

できることは最大限やりつつも、断る勇気、あなたを守る勇気を持ちましょう。

大丈夫。断っても、休んでも、あなたの本来の価値は、何も変わりません。

●エベレスト症候群に陥っていませんか？

・目標を達成しても、喜びをじっくり味わわず、すぐ次の目標に向かって、頑張ってしまう
・そこそこ成果を出しても「あの人はあんなにできている」と、焦ってしまう
・ほめられても、「まだまだ努力が足りない」「言われるほどじゃない」と賞賛を受け取れない
・休日でも、仕事のことが気になり、ゆっくりできない
・いつの間にか、楽しむことを忘れてしまっている

はるか遠くの目標に向かって、いつも先へ先へと進み続ける。今の幸せを受け取れない。これを**「エベレスト症候群」**と言います。

山登りをイメージしてみてください。登れば登るほど、視界が広がり、より多くのものが目に入ってきます。

学びでいえば、ステージが上がったからこそ、視野が広がり、新たな課題や自分に足りないものが目に入ってきます。これまでの成果が、とても小さく思えてしまい、「もっと○○すれば良かった」という反省点も見えてくるかもしれません。

でも、「幸せを味わうのは、もっと成長してから」「このレベルまでいったら、自分を認めてもいいけれど、今はまだ」と思っている人の多くは、もっと成長した時点でも、同じように「まだまだ」と思いがちなのです。これではきりがありません。

一つ達成したら、ちゃんと「立ち止まること」が大切です。

「これくらいなら、たいしたことない」「当たり前」ではなく、ここまで、頑張ってきた自分をほめてあげ、じっくり満足感を味わうことが大切です。たとえ結果が出なくても、「プロセスの努力」を認めてあげましょう。立ち止まらないと気づかないことは、たくさんありますから。

前に進むことをやめるわけではありません。さらなる変化に向けての充電期間です。

先ばかり見て、頑張り続けていると、いつしかエネルギーは枯渇《こかつ》してしまいます。まるで長旅を終えて、疲れきった馬に、ごほうびのニンジンも休息も与えず、「さらに働け！」と厳しくムチを打つようなもの。次第に、心が赤むけ、すり減ってしまいます。やがて自分が疲れていることにすら、気づけなくなってしまいます。

大きな変化（昇進、独立、結婚、合格等々）だけを、変化だと思わないでください。小さな変化を味わえるようになると、エネルギーが増し、大きな変化も起こりやすくなります。

エベレストの頂上を目指して、ストイックなまでに頑張り続けなくてもいいのです。身近な小さな丘に登って、嬉しくなったり、ちょこっと自分に感動してみたり。**そんな小さな幸せを積み重ねることが、未来の大きな幸せへつながる近道です。**

人生の目的は、より多くを手に入れることではなく、プロセスを含めて、人生そのものを味わい、楽しむことです。先を急ぎすぎて、人生を楽しむことを忘れないで。

まだまだ
もっと！
★今
ここだけだと薄っぺらい
人生になってしまう
やったー！
今を楽しむ
★今
人生全体を
楽しむ

今、手にした幸せを十分に味わっていると、いいことが次々起こるようになっていきます。

Mさんは、あるメーカーの営業担当。売上げ1000万円が社内のトップ基準の時、500万円を達成しました。周りから「すごい！」と言われても、

「いや、全然たいしたことないです」

「もっと頑張っている人がいるから、まだまだです」

と、さらにムチを打って頑張ろうとしていました。

「力をゆるめると、成果があがらない」のではなく、「力をゆるめる**からこそ**」、心にゆとりが生まれ、かえって効率もあがります。結果として、成果があがることも多いのです。

大きな夢を見ましょう。

しかし、小さな楽しさも大切にしましょう。

（H・ジャクソン・ブラウン・ジュニア）

いつも同じトラブルばかりに、巻き込まれてしまうのは

人生は学びの旅です。らせん階段のように進むため、定期的に同じようなトラブルやパターンが繰り返されることもあります。


「克服したつもりの課題が、また繰り返されてしまうのはなぜ？」

「頑張っているわりには、同じようなところをぐるぐる回っている気がする」

「元に戻ってるのかな。私、やっぱり成長していない」

上から見れば、同じところを回っているように見えるかもしれませんが、横から見ると、高さは確実に変化しています。あなたが成長したからこそ、よりそのテーマでの学びを深めるために、同じようなことが起こるのです。

特に、繰り返し起こるトラブルやパターンは、あなたの人生や使命に深く関わるテーマだということも多いのです。

クライアントのTさんは、学生時代、転校が多く、いじめにあったり不登校になったりを繰り返していました。その後、教職についても、クラスでいじめ等のトラブルは、絶えることがなかったそうです。

でも、いじめられる子どもの気持ちは人一倍わかるので、ひとつひとつの問題から逃げることなく、親身になって相談に乗ってきました。

退職された今は、「子どもの駆け込み寺」を主宰しています。この段階にきて、ようやく、「自分の人生に次々と起きたトラブルの意味」がわかったとおっしゃっています。Tさんの使命は、「問題を抱える子どもたちに寄り添うこと」だったのです。

今、Tさんは深い生きがいを感じながら、仕事をされています。

あなたの使命に深く関わっているからこそ、あるパターンが何度も繰り返され、体験を深めるようになっていることも多いのです。

●「なぜあの人ばかり、うまくいっている？」とうらやましくなったら

「あの人にはできるのに、私にはできない」
「あの人は、どうしてあんなに輝いているんだろう」
「あの人ばかりうまくいっているのは、うらやましいなぁ」

輝いている人の一部だけを見て、うらやましく思ったり、なかなかうまくいかない自分を見て、落ち込んだり、ダメ出しをしたり。でも、どれもが一部であり、すべてではありません。うまくいっているのも一部、なかなかうまくいかないのも一部です。

うまくいっている人がうらやましくなるのは、その人の成功した面だけを見ているから。陰の努力や、辛いことや悲しみを知らないからなのです。

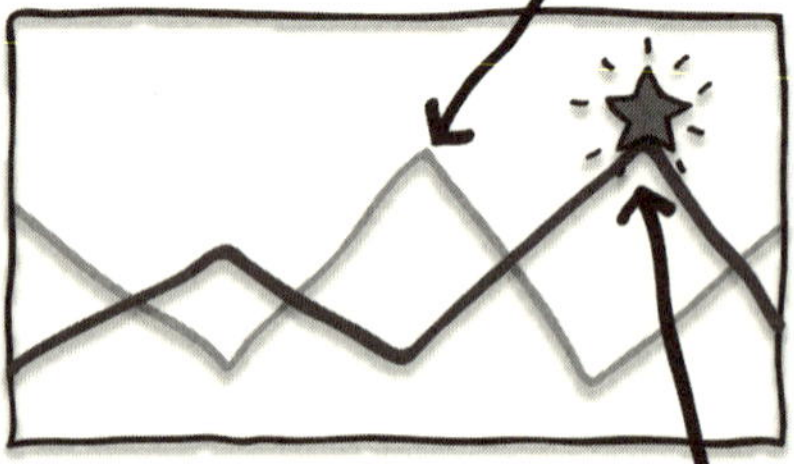

また、変化や成長のプロセスは人それぞれ。同じサイクルで変化するわけではありません。「今、ピーク」のあの人と、「準備期間」のあなたを、比べないでください。

あなたと、あの人は、輝く時期やピークが少し違うだけ。「あの人の方がすごい」「うまくいっている」といって、焦る必要はないのです。

たとえば、プロ野球・広島の前田健太選手。まだ無名で、国際試合も日本シリーズも経験がなかった頃。華々しく活躍していた楽天の田中将大《まさひろ》選手に、うらやましさやコンプレックスを感じていたそうです。

「同世代なのに、自分は何をしているんだろう。自分もいつか、ああなりたい」

その気持ちをバネに努力を積み重ね、日本球界でトップに上り詰め、4年後にはWBC（ワールド・ベースボール・クラシック）の代表メンバーに選ばれたのです。

憧れのあの人と同じ山を登ろうとせず、あなたはあなたのペースで、あなたの山を登っていけばいいのです。いつか同じ高さになるように。

●輝いているあの人は、未来のあなたの投影です

そもそも私たちは、違う目的で創られています。ですから、その瞬間だけを切り取って比べないことです。

その目的にあった、タイミングや才能も、人それぞれ。あなたの使命に一番あった才能は、ちゃんと備わっているのです。起きていることは違っても、その目的にとって、ベストのことしか起こらないのです。

目的が違うにもかかわらず、同じ土俵に上がって、はりあってしまうから、「勝ち負け」が生じ、うらやましくなってしまうのです。

「相手と比べてどれくらい幸せか、優れているか」

このサイクルにはまってしまうと、永遠に満たされることはありません。

周りと幸せ比べをしないでください。

「うらやましい」という気持ち。自分を卑下《ひげ》したり、もんもんと落ち込んだり、悪口を言うのではなく、あなたが前へ進む力へと変えていきましょう。

周りはあなたを映し出す鏡です。身近に素敵な人がいるということは、あなたの輝くタイミングが近づいてきているということです。

輝いているあの人は、未来のあなたの姿です。

「いいなぁ。なんで、あの人だけ」

そうやってうらやましくなるのは、あなたの中に同じものがあって、共鳴しているからです。

「うらやましいあの人」が現れたら、あなたの中に眠っている魅力が、そろそろ表に出たがっているサイン。

まずあなたの中にも、「同じものがある」と認めてください。

さらに「あの人」を応援すると、あなたの魅力はより引き出されていくようになっていきます。あなたを応援してくれる人も、増えていきます。

人生は短いのです。エネルギーは、あなたが幸せになるためだけに、使ってください。

否定、あきらめ、ねたみは、本来の価値をますます曇らせてしまいます。ご注意くださいね。

●幸せな感情は伝染していく

「見返りを求めずに、誰かを応援するのはいいこと」

そうわかっていても、心に余裕がない時には、なかなか難しいものです。

横並びのうちは、応援したり励ましあえても、相手がうまくいき始めると、どうでしょう。うらやましくなって、足を引っ張ったり、あら探しをしたり。相手の劣っている点を見つけ、自分の優位性を保とうとしてしまうかもしれません。


「あの人、仕事はうまくいっているけど、彼がいないんだよ」

「あの人、キレイだけど、裏表が激しいの」

(だから、私の方があの人よりすごいのよ♪)


小さな優越感のために、あなたを「意味のない、競争の土俵」にのせないでください。

あの人が輝くと、
「自分の大切なものを奪われてしまう」
「自分の評価や価値が下がってしまう」

そう思い込んでいるから、素直に「すごいね」と認められないし、応援できなくなってしまうのです。

でも、**「奪われる」という恐れは、幻覚にすぎません。**誰かを応援しても、あなたそのものの価値が下がるわけではありません。

１本のろうそくが、別の１本にその火を移しても、失うものは何もない。
（ジェームズ・ケラー）

幸せは、もともと決まった量を、分けあうものではありません。人を応援して、一時的にあなたが損をするように思えても、あなたの取り分が減るわけではありません。

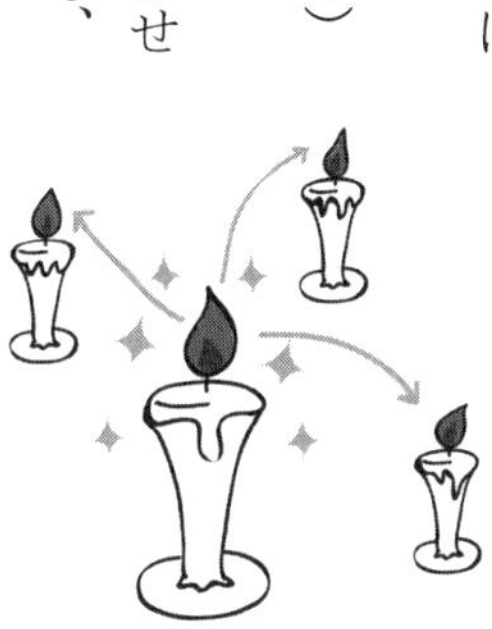

あの人の幸せの量と、あなたの幸せの量には、何の因果関係もありません。
むしろ、周りに幸せな人が広がれば広がるほど、あなたのもとに入ってくる幸せも増えていくのです。

米研究機関 Framingham Heart Study の研究によると、「個人の幸福感」は人のつながりを通して、広がっていくことがわかりました。

人の幸せは病気と同じように伝染していくのだそうです。

その範囲は、なんと！　その人の3つ離れた関係（＝つまりその人の友達の友達の友達）まで、広がっていくのだそうです。**幸せな感情は伝染するのです。**

あなたがどんな人と一緒に過ごすか、どんな人が周りにいるかで、あなたの人生の幸せも決まっていきます。周りを応援して、幸せに輝いてもらうということは、ひいては、あなたの幸せにつながっていくのです。

友達が１００倍幸せになっても、あなたの幸せは減りません。それどころか、周りの人の幸せや成功エネルギーは、伝染して、あなたに返ってきます。

●神様のプレゼントは、希望より大きなサイズでやってくる

「いつかあんな仕事をしてみたい」と願っていても、いざ、希望していた仕事を任されると、プレッシャーに感じてしまったり、「私にできるかな」と不安に思ってしまったり。

でも、**あなたが望んでいた通りのものがくることより、あなたの希望より、大きなサイズのものがやってくることの方が多いのです。**

それは、あなたのこれからの**「伸びしろ」**を、含んでいるからです。

「今の私には無理かも」
「またの機会にしよう」
「もう少し準備してからにしよう」

そうではなく、もし本当にやりたいと思うことなら、勢いよく、流れに乗ってみましょう。大丈夫！　波動は共鳴しあうので、今のあなたにできない仕事は、そもそもやってこないのです。

恐れや不安を感じた時、一番いい対処法は、「とにかくやってみること」です。

「うまくやらなきゃ」「失敗しないで完璧にやろう」「より認められたい」と思うから、気負ってしまうのです。自分に余計なプレッシャーをかけるのは、エネルギーロスです。欲を出さず、「等身大のあなた」で、できることをできる限り、淡々とやってみてください。やってみてダメなら、やり直せばいいだけのことです。

待っているだけでは何も変わりません。

あとは踏み出すか、踏み出さないか。
すべてはあなた次第です。

第5章

あなたの恋はうまくいく！幸せな恋を引き寄せる方法

●幸せな恋を引き寄せるレッスン

ここからは恋愛について、書いていこうと思います。

会社と家の往復だけの生活。仕事にもそれほどやりがいが感じられない。同じような日々の繰り返しで毎日がつまらない。おしゃれやダイエットをする気になれない。そんな風に、心が乾いている状態だと、「好き」という感情も働きにくくなります。

こういう恋愛停止状態の人は、意外と多いのです。そんな時、もし運命の人が側にいても、気づかずスルーしてしまう可能性がありますし、引き寄せる力も弱まる一方です。

あなたから恋するエネルギーが出ていないと、相手もあなたに魅力を感じないもの。まずは、「いいな♪　素敵♪」と思える人を思い浮かべ、あなたからワクワク&キラキラしたエネルギーを放っていきましょう。

次に、世の中に対してハートを開くことを意識してください。
「タイプの人」や「特定の異性」に絞《しぼ》らず、あなたに直接、利害関係のない人に対しても、親切に働きかけてみるのです。

「人に親切にできることは？」
＝意識が外向きモード
このアンテナだと、
出会いも引き寄せられる。

たとえば、

・電車の中でお年寄りに席を譲ってみる（いつもは「断られたら嫌だな」と好意を引っ込めてしまうなら、少し勇気を出して♪）
・みんなが脱ぎ捨てたスリッパを、そろえてみる
・誰も見ていなくても、落ちているゴミを拾ってみる

「どうしたら周りの人に喜んでもらえるだろう？」

という意識で、周りを見渡してみてください。そして、気づいたことから始めてみましょう。

「あなたの周りの人の5人先には、あなたが探し求めている人がいる」と言われています。目の前の人を大切にしていると、「求める人」そのものを探さなくても、必ずつながるようになっています。

あなたが、周りに対して心を開き、親切にしていると、誰かの心がふわっとあたたかくなります。それが「恋を引き寄せるオーラ」をまとったあかし。その状態でいると、作為的な出会いをしなくても、自然とご縁はつながります。

「好きではない人に好かれ、本当に好きな人は振り向いてくれない」のはなぜ?

好きな人は振り向いてくれないのに、好きでもない人が寄ってくる。

もしくは、せっかく、好きな人とおつきあいできても、「思っていた人と違った」と言われてしまう。

もしそういう状況なら、「本当のあなた」と「見られているあなた」にギャップがある可能性が高いです。

本当のあなたは「栗」なのに、まるで「ミカンの皮」をかぶっているようなもの。中身が「栗」なのに、外見が「ミカン」なら、周りは「ミカン」だと思って、「ミカン好きな人」が集まってきますよね。頑張って可愛いミカンを演じても、やはり栗のにおいは漂《ただよ》うもの。相手も、実際に食べてみたら、望んだ「ミカン」ではないので、「ガッカリ」となってしまうのです。

「本心を出したら嫌われそう」と思う人も多いようです。

でも、愛されないのは「素のあなた」ではなく、「ミカンの皮をかぶったあなた」なのです。

さらに落とし穴があります。

「好きではない人」でも、好意を持たれるのは、案外、悪い気持ちはしないもの。「本命が現れるまで、とりあえずいいか」、と「好きでもない人」に、何となく焦点をあわせているとミカンの皮が脱げなくなってしまうのです。でも栗好きな人は、ミカンの皮をかぶっているあなたには気づきません。「違うあなた」に惹《ひ》かれて集まってくる人ばかりなので、結局は、遠回りです。

素の自分が愛されなくて、誰が愛されたら、あなたはハッピーなんだろう？

しっかり者の栗なのに、可愛いミカンのフリをしないこと。
人にあわせて、「理想の自分」を演じないこと。

心を開いて、素の自分を出した方が、そのままを愛してくれる人に出会えます。そのままの自分を受け入れ、表現していくことが、運命の人を引き寄せる一番の近道です。運命の人なら無理しなくても、驚くほどスムーズに物事が進んでいきます。

ミカンを演じているかどうか、わからないというあなた。

あなたの周りを見れば、一目瞭然《いちもくりょうぜん》です。「好きな人は振り向いてくれない。好きではない人が寄ってくる」状態こそが、まさにミカンを演じていることの現れです。

●「ほしい未来から、今を創る」と、すべてがうまくいく

あなたが1年前に描いた夢は、叶っていますか？

1年前と同じような日々を繰り返していませんか？

「1年前に望んでいた以上の状況になった」というクライアントさんは、とても多いのです。驚くほど、嬉しい変化が起きています。

たくさんの方の変化を見ていて、わかったことがあります。幸せになる大前提は、「望んだ以上の幸せを、受け取る準備が、あなたにできているかどうか」ということです。

つまり、

「願っている以上のことが突然、明日、やってくるとしたら、今日は何をしたらいいのか？」という視点で、日々過ごせているかどうかです。

将来に焦りや不安ばかりをつのらせていると、今がおろそかになりやすいもの。

たとえば「結婚したいのに、出会いがない」「運命のパートナーに出会いたい」とあなたが思っているとしましょう。明日、突然、理想の人が目の前に現れた時に、すぐに最高の自分として、物怖《ものお》じすることなく、接することができますか？


「せっかく会えるんだったら、その前に、素敵なお洋服を買いに行かなきゃ！」

「エステや美容院に行って、磨いておきたい！」

「相手に遊びにきてもらえるよう、お部屋を片付けておかなきゃ！」

「あと３kgやせておきたい」

「お料理を習っておけば良かった」

と思うことは、きっとあるでしょう。

もし準備ができていないのなら、今すぐ始めることをおすすめします。望んでいるその場面を想像して、できることから始めましょう。

あなたに準備さえできていれば、ふさわしい波動で、ふさわしい出来事がやってきます。

「来年の今日は、今と違う自分でいたい」と思うなら、今のあなたを基準にするのではなく、ほしい未来から、今を創ることです。

そして、思いつくことをやってみることです。

「どうやって手に入れるか」は考えなくてもいいのです。宇宙は、ベストタイミングで、あなたに必要なものを届けてくれます。ただ、それは、あなたに準備がちゃんとできている時にです。

●解決策を話したい男性と、ただ話を聞いてほしい女性

「ねぇ、こんなトラブルがあったの」と話しかけた時、大抵の男性は、問題を解決し、答えを出そうとしてくれます。


その一生懸命さは、確かにありがたい。

でも、大抵の女性は違うのです。

問題を解決してほしいのではなく、話を聞いてほしいだけ。


「僕の時はこうだった。僕ならこうする」

「こうしたらいい。こうすべきだよ」

というアドバイスではなく、

「大変だったね」「大丈夫？」「それでどうした？」

そんな言葉をどこかで求めています。

ただ話すことでストレスが解消されていく女性に対し、「解決策を出したい」のが男性というもの。女性との会話にも、男性はつい色々アドバイスしたくなってしまうのです。

男性脳と、女性脳。

お互いを大切に思っているにもかかわらず、この思考の違いが、悲劇を起こします。

違いは「否定」せず、「認めて、受け入れる」こと。

たとえば「どうしてすぐ、結論を求めるの!?」と思った時に、理解すべきなのは「すぐに結論を求める理由」ではなく、「男性はすぐに結論を求める生き物だ」ということ。

そもそも同じ人間だと思うから、すれ違うのです。

「理解しあえないのが当たり前」「以心伝心はありえない」というところから、始めるのがいいかと思います。関係性は、意識して、育てていくものですから。

幸せな結婚をするためには、
いい相手を見つける必要はありません。
お互いにいい相手になれば良いのです。

（バーネット・ブリックナー）

●関係性を壊す一番の原因は、○○だった!?

相手との関係性を壊す一番の原因。それは**「我慢」**です。

「我慢するからうまくいく」のではなく、「我慢したからうまくいかなくなる」のです。

「好きな人にあわせて、ありのままの自分を出せない」

「嫌われたくなくて、言いたいことも言えない」

「私さえ我慢すればうまくいく」と心を閉ざしたり、

「どうせわかってくれない」とすねたり。

でも我慢したり、沈黙で困惑させると、関係は悪化します。遠回しに雰囲気でかもし出そうとせず、「してほしいこと」「されて嫌なこと」はきちんと伝えましょう。

「言わなくてもわかってほしい」

「私の態度から察してほしい」

その気持ちはよくわかりますが、そもそも相手は気づいていません。

相手は「わかってくれない」のではなく、言われないとわからないのです。

「我慢」は、関係をむしばむ「毒素」です。

小さな我慢でも、抑えた不満は蓄積されていくもの。だんだんと心の距離ができて、ある日突然、我慢の限界をこえ、爆発してしまうことにもなりかねません。「私がどれだけ我慢していると思っているの！」と。最後まで完璧に我慢し続けることは、なかなかできないからです。

「嫌われたくない」「愛され続けたい」

↓

言いたいことがあっても抑える

無理して理想の人を演じる

↓

次第に疲れてしまい、我慢の限界がきてから、自分を出す

フラストレーションを解放するかのように、感情をぶつけてしまう

↓

「僕の知っている彼女じゃない！」

こんな負のスパイラルにはまっているなら、我慢せず、気持ちを素直に伝えることです。我慢してため込むので、「言わなすぎ」から、一気に「言いすぎ」になるのです。

不満は小出しに。本音はその時に。思いやりを持って。

あなたの気持ちを大切にすることで、かえって、相手を振り回すことも、振り回される

ことも少なくなっていきます。

「もっとほめて」「さみしい」

「本当は大好きなんだよ」「大切に思っているんだよ」

「こんなことを一緒にしてみたい」

「こうされると嬉しい」「こうされるのは嫌。傷つくんだよ」

相手を責めるのではなく、素直に気持ちを伝えてみてください。理解しあい、より幸せになるために。

「あの時、どうしてちゃんと言わなかったんだろう」という後悔は、あまりに辛いものだから。

●あなたの「普通」は、普通ではありません

無意識のうちに、「あなたの普通」で、相手を裁《さば》いていませんか？

「普通は、すぐにメールをくれる」（↓私より、仕事を優先するんだな）
「普通は、おごってくれる」（↓意外とケチだな）
「普通は、話を聞いてくれる」（↓結構、自己中心的だな）
「レディーファーストは、当然」（↓なんだか、やぼったい）
「言わなくても気持ちを察してくれるべき」（↓鈍い人だな）

「普通の形」は、人それぞれです。
あなたの「普通」は、相手の「普通」ではありません。
あなたの「普通」を相手に当てはめようとするのは、不幸のもとです。

「あなたの思い通りにしてくれる人＝いい人」
「あなたの思い通りにならない人＝ダメな人」

そうではないのです。
そもそも、相手は他人なのです。

あなたと同じように感じ、あなたと同じツボに気がつくわけではありません。

あなたの期待通りに動いてくれないからと言って、あなたを大切に思っていないわけではないのです。「してくれること」だけで、相手の愛情をはからないでください。「大切にされること」や「思い通りに動いてくれること」を求めすぎると、いずれ、関係性は冷えていきます。

自分を理解してもらいたいと思ったら、まず、相手を理解しようとすることです。

「私は正しい」「普通は○○するもの」をいったん脇に置くと、今までとは違う相手が見えてきます。幸せの視点を少し変えるだけで、あなたの周りにたくさんの幸せがあることに気づくはずですよ。

●いつも100%愛される人の共通点

男性が浮気する理由を知っていますか？

「浮気相手が、若いとかキレイだから」が一番の理由ではないそうです。

あるアンケートによると、「浮気をした男性の92%は、妻から正当に評価されていないからだと回答している」とか。

「理解されていない」「注目されない」「ほめてくれない」と思うから、外に気が向くのだそう。言い換えれば、浮気相手には「自分を大切に扱ってもらえた」と感じたから、心ひかれたのかもしれません。

私の周りには、彼や旦那様からとても大切にされ、愛されている人が多いのですが、ある共通点があることに気づきました。それは、

「どんな時も彼や旦那様の、世界で一番の味方になろうとしていること」です。

彼がピンチの時、厳しい状況の時に、「疲れた」「ダメかも」と愚痴や弱音を言ったとします。そんな時は、聞かれてもいないのに「こうしたらいいんじゃない？」と色々アドバイスしたり、「どうするの!?」「大丈夫なの？」と責めたりしないでください。

変に介入せず、あたたかく見守ることが大事な時もあるのです。大切なのは、何があっても、彼なら絶対、うまくいくと信じていることです。

さらに、「あなたが頑張ってること、知ってるよ」「あなたならできるよ。大丈夫！」「やっぱり、あなたはすごい！」と折にふれ、伝えてください。女性の「すごいね」は魔法の言葉なのです。

男性は、いつも「ほめてほしい」と思っています。頑張っている自分を認めてほしいのです。だから相手を否定せず、プライドを傷つけないように、「うんうん」と聞いてあげること。

彼にコンプレックスがあるのなら、そのコンプレックスを、受け入れてあげましょう。

「背が低い」→「でもオーラが大きいから、存在感があるよ」
「太ってる」→「でも側にいると、安心するよ」
「学歴がない」→「でも色々なことをよく知っていて、教えてくれるよね。すごい！」

してもらった小さなことにも、「ありがとう！　嬉しい」と感謝してください。
彼が大切にしているもの（彼の家族、趣味、価値観）を、彼以上に大切にしてください。

あなたがすることは、相手を束縛したり、焼きもちを焼くことではなく、彼との関係性を育てていくことです。あなたが相手を大切に思うと、相手もあなたを大切に扱ってくれるようになり、関係性の土台が安定していきます。

彼の「世界で一番の味方」になること。人が最後に戻ってくるのは、自分にとって「一番、居心地のいい場所」なのですから。

●親を大切にするほど、恋はあなたの味方になる

恋愛・人間関係に影響を及ぼすのは、親との関係です。クライアントさんの中で可愛くてもモテない人、恋愛がなかなかうまくいかない人の理由を探っていくと、親との関係がうまくいっていない人が多いようです。

◎父親との関係が影響を及ぼす人
・目上の人（上司、先生、先輩など）
・（あなたが女性なら）恋人

◎母親との関係が影響を及ぼす人
・下から支えてくれる人（部下、後輩など）
・（あなたが男性なら）恋人

素敵な人と出会いたかったり、彼と良い関係になりたい時には、親との関係性を見つめ

直してみましょう。あなたが女性なら、父親との関係を見直すことで、素敵な彼に恵まれやすくなります。

親はあなたのルーツです。親がいなければ、今のあなたはいないのです。エネルギーはいつもつながり、今のあなたを構成しています。そんな親を否定したり、責めることは、あなたの一部を否定し、あなた自身のエネルギーを傷つけることになります。否定したままで、幸せを引き寄せようとするのは、なかなか難しいことなのです。

良かったら、できることからやってみてください。

たとえば、

- 当たり前のことにこそ、「ありがとう」を伝えてみる
- たまには電話をし、「無理しないでね。体を大切にしてね」と優しく伝える
- お給料が入ったら、ごちそうしたり、プレゼントしたり、お小遣いを渡す
- 年に一度は、お年玉を渡してみる
- あなたのお誕生日に、お花を贈ってみる

「産んでくれてありがとう」

「あなたの子どもに生まれてきて、本当に良かったです」と、言葉を添えて（※親の方がお金持ちだとしても、「収入の低い自分が、あげなくてもいい」なんて、思わないでください。「親が貧しいから恵んであげる」わけではありません。あなたの感謝の気持ちです）

親との関係が変わったら、「素敵な出会いがあった」「恋愛がうまくいきだした」「彼からプロポーズされた」というご報告を、これまでたくさんいただいています。

子どもは、すべて当たり前だと思っています。

あたたかいお風呂が用意されていることも、
ご飯が出てくることも、学費を払ってくれることも、
あふれる愛情を注いでくれることも、すべて当たり前。

でも、どれも当たり前ではないのです。

親も、親である前に、一人の人間です。未熟であって、完璧ではないのです。
世の中のすべてを、知っているわけではありません。

あなたが生まれた時から、完璧な親だったのではなく、
あなたとともに、「親として1歳」「親として2歳」と成長していったのです。
一人の人間として、苦労もしながら、ここまで乗り越えてきたのです。
その未熟な人が、未熟なりに、葛藤《かっとう》しながら、心を痛めながら、迷いながら、
あなたを育ててくれた。
それは、まぎれもない事実です。

確かに、親によって愛情の表現方法や、愛の深さは違います。

でも頑張っていない親はいないのに、
「頑張っているね」とは言われません。

親が怒る姿は見ても、泣く姿は見たことがありません。

どんなに大変な時も、辛い時も、泣きたい時も、
心配をかけないよう、あなたの前では笑顔でいてくれました。

そんな親がいてくれたからこそ、あなたは今、ここにいます。

こんな風に、「これまで」に想いを馳《は》せると、
見えなかった、たくさんのことに気づくかもしれません。

とてつもなく偉大で、驚くほど未熟な、一人の人間。それが親なのです。
そんな親に愛されてきたからこそ、あなたは今ここにいます。
一番身近な人だからこそ、後回しにしたり、照れがあるかもしれません。
でも、「言わなくてもわかるだろう」では、伝わりません。

思いきって、心からの「ありがとう」を伝えてみてください。
後悔のないよう、伝えられるうちに。

第6章

自分史上最高の幸せを呼び込む法則

法則1

バランスを崩すほどに、運はついてくる

●人生を変えたい時は、バランスを崩そう

世の中は、すべてバランスでできています。

今、あなたがいる世界や、周りの人を見渡してみると、今のあなたのレベルがわかります。周りの人間関係も、お金も、仕事もすべて、今のあなたと完璧にバランスがとれているのです。

「相手から受け取るもの」と、「あなたが与えているもの」とのバランスがとれているから、あなたは今の環境にいるはずです。

もしあなたが、環境や人生を変えたいと思ったら、「バランスを崩す」ことから始めましょう。自《みずか》ら、今のバランスを崩すのです。

あなたが「受け取るもの」と「与えるもの」の差分は、あなたの運になって返ってきます。

より幸せになりたいのなら、「受け取ったもの」以上に、「与えていくこと」です。

ほしいものや叶えたい望みがあるのなら、まず「あなたから先に与えること」から始めましょう。

受け取るもの＝与えるもの
→現状維持

受け取るもの＞与えるもの
→あなたから、運が流れ出ていく

受け取るもの＜与えるもの
→あなたに運の流れが集まってくる
運がどんどん良くなる

●カフェのコーヒー1杯で、人生が変わる方法

たとえば、カフェの店員さんの感じが良くて、「また行きたい」と思えるほど心地よい対応をしてくれたのなら……。コーヒー1杯で何時間も粘るのではなく、こんなことをしてみてください。

「そのお店でお金を使う」という意味で、
- サイドメニューや、おかわりを頼んでみる
- 「とても感じが良くて、癒されます」と店員さんに、感謝を伝えてみる
- 店内アンケートに、スタッフさんのサービスについて感謝を書いてみる
- お店を出る時には、笑顔で「ごちそうさまでした」と伝えてみる
- 周りの人に「あのお店、おすすめだよ」と紹介してみる
- 次も同じお店を使う
「与えるもの」「受け取るもの」のバランスを意識して、「より多くもらったな〜」と思っ

たら、自らバランスを崩し、何かの形で「お返ししていく」のです。

あなたが「受け取った（と思える）以上」をお返しすると、より多くを受け取れるようになります。それが**「バランスを崩す」**ということです。

また、相手に何かしてあげた時に、「ありがとう」の言葉がなかったとしても、がっかりしないでください。あなたの方がより多く「与えている」ので、バランスは崩れています。ちゃんと別の形で返ってきますから、大丈夫ですよ。

あなたが出したものが、あなたが受け取るものなのです。

お金の使い方には、生き方が表れる

わかりやすくバランスを崩すポイントは、３つあります。

①お金

②心（言葉や気持ち、笑顔）
③労力

まず**「お金」**についてです。

お金を支払う時、「お金を支払ったから、サービスを受けるのは当然」と思わずに、受け取った以上のものをお返ししてみてください。「あなたの心が動いた相手」に、感謝の気持ちで出すと、それ以上のものが返ってきます。


こんなことがありました。

ある経営者のSさんとタクシーに乗った時のことです。

とても感じのいい親切な運転手さんで、穴場のお店を教えてくださったり、風邪がはやっているからと、車内に「のどあめ」も用意されていました。

降りる時に、Sさんは、710円の運賃に対して、「色々ありがとう。心地よかったです。おつりはいいですよ」と感謝の言葉とともに、1000円札を渡されていました。

別の時、またSさんとタクシーに乗る機会がありました。

ただその時は、10円単位まで、しっかりおつりをもらわれていたんです。

そこで、Sさんに聞いてみたのです。

「なぜ、前回はおつりをそのまま手渡され、今回は、おつりをもらわれたのですか？」

Sさんは教えてくださいました。

「お金は誰にどう使うかが大事なんだ。このあいだの運転手さんは、細やかな配慮をしてくれ、とても気持ち良かった。710円以上のサービスだと思ったから、おつりはもらわなかったんだ。それに対して今回の運転手さんは、悪くはないけれど、運賃以上の心地よさは感じなかったから、710円の料金で十分だと思ったんだよ。**お金はバランスだからね**」

お金の使い方には、生き方が表れます。相手に喜ばれるよう、気持ち良く使うと、いい意味で、今のバランスが崩れます。もちろん、感謝の言葉やねぎらいの気持ちを伝えることでもいいのです。

●運がどんどん集まってくる、賢いお金の使い方

私は昔から本が好きで、気に入った作家さんの本は多めに買って、プレゼントするのが習慣でした。

本は1冊、1500円程度です。

「その1冊に対して、作家さんがどれほどの時間と想いを注ぐんだろう」と考えてみた時、1500円払うだけではバランスがとれないと思ったからです。そして、「この本から、どれくらいの価値や学びをもらったか」と考え、その差額分を買うようにしていたのです。

すると不思議なことに、作家さんのお友達やクライアントさんが、急に増えていきまし

た（私が買った本の作家さんでないことが、大半でした。直接の因果関係がない場合も多いのです）。

ご縁をいただいた作家さんたちからは、本には書かれていないお話も、たくさんうかがうことができ、視野が大きく広がりました。素敵な人たちも紹介していただき、つきあう幅も広がりました。さらに私が出版する際、色々なアドバイスをいただいたり、応援していただきました。

嬉しそうな顔をして受け取ってくれる友達に、素敵な本をプレゼントするのは素直に嬉しいことです。しかも、結局は巡り巡って、一番豊かになっているのは、私なのです。

あなたが「与える」バランスを、あえて崩してみると、相手から得られるものも、自然と変わります。

幸せへの一歩はすべて、あなたから始まります。

嫌な人もいい人も、すべてあなたが創り出している

次のポイントは「心」です。

人は、多面的な生き物です。色々な面を持っています。どれもが一面であり、すべてではありません。**誰かと接する時、「あなたとバランスがとれる一面」が、相手から引き出されていくのです。**

たとえば、みんなからあまり評判の良くない「あの人」。

「私には結構、親切にしてくれるんだけど?」と思うことはありませんか?

あなたがいつも優しく声をかけているから、「あの人」の中にある、優しい一面が引き出されているのです。だからあなたに対しては、親切に接してくれるのでしょう。

たとえば、彼に対して「周りには優しいけど、自分には態度が冷たい」という不満があ

ったとしましょう。
もしかしたら、あなたは彼のダメなところや足りないところを探し、文句ばかり言っているかもしれません。彼にとって、あなたは居心地の悪い人になっているかもしれません。
彼の良さを認め、してもらったことに感謝するようになると、きっと違う一面が引き出されていくはずです。

ポイントは、その人が「いい人か悪い人かを判断する」のではなく、「相手のその一面を、あなたが引き出している」ということです。

あなたがまず出すものを変えれば、相手もあなたに違う面を見せるようになっていきます。**相手の「どんな面を引き出すか」は、あなた次第です。**

●転職したいと思った瞬間、今の職場で始めること

最後のポイントは、「労力」です。

仕事や職場の人間関係が不満で転職したいと思ったら、その前に、押さえていただきたいことがあります。

残念ながら、今の職場と今のあなたは、完璧にバランスがとれています。転職や異動を希望しても、今のあなたが変わらない以上、たとえ環境という外枠を変えても、中身はたいして変わらないもの。

・「上司が嫌で転職したら、同じタイプの上司が転職先にもいて、もっとひどかった」
・「やりがいがなくて転職したけれど、色々な面で前の会社の方が恵まれていた」

そんなお話はよく聞きます。

もし、転職や起業をしたいと思うなら、今の職場で、やっていただきたいこと。それは、

仮でいいので、「退職する日」を先に決めること、です。

そして、その期限まで、
・今のお給料の2倍以上、働いてみること
・周りの人に、進んで挨拶したり、感謝してみること
（※特に苦手な人にこそ、するのが効果的です）

あなたが求めている答えは、今のステージにはありません。
バランスを崩せば、もっといいステージに、望まなくても運ばれていくのです。

クライアントのHさんは、会社が辛く、朝がくるのが億劫《おっくう》でした。「正当に評価されていない」と感じ、人間関係にも不満がいっぱいで、転職を考えていました。そこで仮に「3カ月後に退職する」と決めてもらいました。

最初は、気持ちが乗らなかったのですが、「どうせ3カ月でお別れなら」と割り切ったそうです。「気持ち良く仕事は引き受けて、今までの2倍、働いてみよう」「笑顔で挨拶しよう」と、できる限りのことをし始めました。

Hさんの変化に、周りの人の態度もだんだん変わってきたそうです。

次第に「今まで偉そうにしてきたけど、私、たいして仕事できてなかったな」「こんな自分をここまで育ててくれた会社は、ありがたい。職場の人も、本当はいい人なんだ」そんな感謝の気持ちまでわいてきたとか。

さらに、今まで見えなかったことにも気づけるようになり、プラスαの心配りをするようになりました。そんな日々を過ごしていたら、偶然にも3カ月後！　社内で新しい部署が立ち上がることになり、Hさんの異動が決まったのです。

ステージを変えたい時は、いきなり環境を変えるのではなく、まず、今のあなたのバランスを崩すことです。

環境や相手を変えようとしなくても、あなたがバランスを崩した分だけ、望まなくても変わっていきます。もしくは、バランスを崩した上で、転職すれば、新しいあなたにぴったりの環境に出会えるはずです。

法則2

これからは「所有」から「循環」の世の中へ

突然ですが、もし今より、お金がほしいと思ったら、あなたはどうしますか？

・節約方法を考える
・とにかく使わず、貯金を増やす
・収入を増やす方法を考える

考えつくのは、おそらく、入り口を増やすか、出口を抑えるかでしょう。

これは「モノ（お金・情報）は使ったらなくなってしまう」「出したら失ってしまう」という、いわゆる「所有」の考え方です。

「所有」の考え方だと、

①使ったらなくなってしまいます
②豊かになるためには、ため込まなくてはいけないのです
③より多くを持っている人が、豊かということになります

不安だから、出し惜しんだり、ため込もうとするのですよね。その気持ちもよくわかります。

でもあなたが幸せになりたくて、豊かになりたくてやっている方法が、実は真逆の方法だったら、どうしますか?

●流れにゆだねると、最高の結果がやってくる

「ひとりで生きている」と思うと、より多くを「所有」して、ため込まなくては、と思うかもしれません。人と比べ、よりたくさん持つことが、自分の価値や豊かさ、安心感につながると思ってしまうのです。

一方、**「つながりの中で生かされている」**という視点で見てみると、物事はすべて循環していることに気づくはずです。

たとえば、ダムではなく、川の流れを思い浮かべてみてください。どんなに新鮮な水でも、せき止めて囲ってしまうと、やがてにごり始め、よどんでしまいます。水をせき止めずに、あなたが必要な分だけ手にしたら、あとは手放しましょう。

やがて海に流れ出て、蒸発して天に昇り、恵みの雨となって、あなたのもとへ再び、返ってきます。

呼吸も同じです。思いきり吐くからこそ、新鮮な酸素を吸い込むことができるのです。当たり前のことですが、「いつかのため」にため込んでしまえば、窒息してしまいます。

おいしい食べ物を食べたあと、出すのがもったいないからと言って、おなかにため込んだままには、できませんよね。

自然界のものはすべて「所有」ではなく、「循環」しているのです。

あなたが出したものは、すべて循環して、あなたのもとへ返ってきます。

あなたが必要な分だけ受け取ったら、あとは、循環させていくこと。出し惜しみせず、周りと分かちあうことで、さらに新しいもの、より良いものが入ってくるようになっているのです。

不安だからと言って、かたくなに手を握りしめたままだと、新しいものを受け取ることはできません。豊かに受け取りたいなら、まず、握りしめた手を開くことです。

教えたくない「とっておきの情報」、あなたならどうします?

分かちあうポイントの一つ目。それは、「情報」です。

「人に教えたくない」「自分のところで持っておきたい」と思う人にとってとっておきの情報は、少なくありません。たとえば、

・お気に入りのマッサージ店。予約がとりにくくなってしまうから、教えない
・美容器具や保湿パック。すごい効果のあるものは、自分だけがこっそり使う
・すごく効果のあるセミナー。独り占めして、自分だけが抜きん出たい
・求人サイトで見つけた好条件の求人情報。ライバルを減らしたいから、友人には内緒

つい出し惜しみしてしまうのは、「限られたものを他の人と奪いあっている」「情報はたくさん持っている方が有利」と思い込んでいるからなのでしょう。でも、それこそが、大きな思い違いなのです。

自然界の流れは、通知表のように、上位の1割が5をとったなら、必然的に、下位の1割は、「1」になるわけではありません。**あらかじめ決まっているものを分けあうのではないのです。**あなたが5をとり、その5をとった秘訣《ひけつ》を、周りに惜しみなく教える。すると、あなたには「5」以上のものが入ってくるのです。

エネルギーは出し惜しみしていると、たまるのではなく、もれていきます。

また「情報を持っていること＝自分の価値」だと思い込んでしまうと、「情報がなくなったら、価値がなくなる」という恐れから、必要以上にため込んでしまいがちです。そういう時こそ、一度、手放してみればいいと思います。大丈夫です。かえって愛されますから。

一人で得られる情報は限られていますが、分かちあうことで、自分だけでは得られない情報も入ってくるようになります。**情報は囲うより発信した方が、結局は自分に入ってくる情報の量が増し、質が高まるのです。**特にあなたが一番教えたくないものを、分かちあうのが効果的です。情報が古くなってからだと、あまり意味がありません。

出し惜しみしているものを出す
↓
人が喜ぶ
↓
あなたの徳積みになる

↓
分かちあって、空っぽになった器に、新しいものが入ってくる

目先の損得を求めていると、かえって大きなものを失ってしまいます。**惜しみなく出していると、何倍にもなって、あなたのもとへ返ってきます。**しかも、あなたに一番必要なものに形を変え、タイムリーに届くのです。

●超一流の人はやっている、「分かちあう」という習慣

二つ目のポイントは、**「才能や能力」**です。

たとえば、洋菓子のワールドカップ「クープ・ド・モンド」で個人優勝したパティシエ界の大御所・辻口博啓《ひろのぶ》氏。

辻口シェフは、日本のスイーツ業界が大注目する、『モンサンクレール 軽やかさの秘

密』（柴田書店）を出版しました。辻口スイーツのすべてを丸裸にしてしまおうというスイーツ業界騒然の本です。材料などのアイディアをはじめ、技《わざ》に至るまで、包み隠さず明かしました。「料理人の命」とも言われるレシピを、なぜ公開するのかと聞かれると、辻口シェフはこう言ったそうです。

「レシピも吐き出さないと次が入ってこない。過去に頼っていたらしようがない。出すことによって、次のステージに進める」

世界一の技を、惜しみなく後進たちに伝えようとしました。

なかなか、できることではないですよね。

「自分さえ良ければ」という個人の視点ではなく、「スイーツ業界全体」や「スイーツ業界の未来」という、全体の視点に立ったからこその行動だったはずです。

たとえば、あなたが失敗や苦労を重ねて知り得た、仕事のノウハウ。同僚や後輩には内緒にしておきたいと思うかもしれませんが、ここが分かれ道です。あなたがもっと幸せになりたいと思うのなら、惜しみなく、たくさんの人に教えていくことです。

宇宙は、人の幸せを願っています。たくさんの人を幸せにしてくれる人には、さらなる才能や運を与えてくれるものなのです。

ふとひらめいたアイディア。偶然が重なって起こる転機。「何となく思いついたことをやってみたら、うまくいった」ということは、ありませんか?

もちろん努力も大切ですが、時として、**「人知を超えた何か」**が人生を左右していきます。

「特別な人だから出すのだろう」ではなく、出し惜しみなく分かちあっていくから、特別な存在になっていくのです。

最後に、こういう落とし穴があることも、お伝えしておきますね。

「もっとお金が貯まってからなら、人にもあげられるのですが……」
「もっと自分の基盤が安定してからなら、教えられますが……」
そういう声をよく聞くのですが、残念ながら、順序が逆なのです。

出せないのは、「出したらなくなってしまう」という不安があるから。不安はさらなる不安を呼び込みます。

「余っているから分けてあげる」「豊かになってから、あげる」のではなく、「あなたの大切なものを、今、分かちあう」からこそ、さらに入ってくるのです。

これからは「所有」ではなく、「循環」の時代です。ため込む人ではなく、分かちあう人が、ますます豊かになっていくのです。

●さみしくて、ひとりぼっちだと感じたら

人との関係も同じです。

もし、一人でさみしいと感じたら、先に心を開くこと。
辛い時こそ、誰かを助けること。
ほめてほしい時には、周りの人のいいところを見つけて、伝えること。

誰かの笑顔に触れると、あなたの心が、あたたかくなります。
やがて、あなたの心があたたかくなるご縁に恵まれます。
さみしい時、誰かに優しさを注ぐことで、一番救われるのはあなたです。

ほしいものは、先に出すと入ってきます。
先に差し出すことで、さらにいっぱい受け取れるのです。

あなたの周りには、もともと愛があふれています。
あとはその流れにつながるだけ。まずはあなたが心を開いてみてください。

●人生を変えるのは、たった0・01の違い

持って生まれた「力量」や「器」は人それぞれ、違います。才能、能力、運動神経、身長、スタイル、人格、育った家庭環境（経済力や家族構成）……等々。「器」は、平等ではなく、差はあります。

だから持って生まれた器を比べても、何にもなりません。大事なのは、「持って生まれた器」をどう育てていくかです。

「1・01の法則」というのがあります。

たとえばあなたの器が「1」のサイズだとして、毎日、ほんの少し、広げていくとしま

しょう。

それが1・01だとしても、1・01×1・01×1・01……と365日積み重ねていくと、37・8にもなります。もともとのサイズにかかわらず、あなたのあり方次第で、器はいくらでも大きくなっていくのです。

逆に、ほんの少し、出し惜しみして、0・99で生きていくとします。0・99×0・99×0・99……1年間、続けていくと、0・03になってしまうのです。

能力があっても、情報をたくさん持っていても、出しきっていないと、器は小さくなっていってしまいます。

今よりもっと器を広げたいと思ったら、与えられた環境で、与えられたことに、心を込めて100%やりきること。これまでお話ししてきた通り、今、あなたが持っている力を、惜しみなく、出しきってみてください。

自己犠牲より、「あなたも大切」「私も大切」の方がいい

一方で「出し惜しみ」と同じくらい、エネルギーを下げるのが「極端な自己犠牲」です。

「相手が喜んでくれるから嬉しい」「感謝されなくてもいい。私がやりたいからやる」という範囲で、誰かのお役に立つのは、すばらしいことです。

でも、相手のために無理しすぎて、体や心がすり減ったり、苦しくなるのなら、それは「犠牲」です。先程も書きましたが、川の流れを循環させる時には、「あなた自身がちゃんと受け取り、味わうこと」です。次に回すのは、あなたが潤った上で、です。

「どうして私ばかりが、損するの？」
「どうして、私がここまでやらなきゃいけないの？」
「あれだけしてあげたのに」

そういう不満が出るのは、自己犠牲の現れですよ。

「極端な利己主義」と同じくらい、「極端な自己犠牲」は、自然の流れに反します。

シンプルに言えば「あなたも大切」「私も大切」ということ。

誰かの幸せのために、あなたを犠牲にしないことです。

「できる範囲、できる限り」でいいのです。頑張りすぎず、我慢しすぎずに。

「できる範囲」を越えてしまったら、素直に「これ以上はできません。ごめんなさい」と、言えばいいのですよ。無理すると、長続きはしませんから。

●あなたの未来に、徳積みをしよう

先日、こんなことがありました。私の友人Yさんの悩みが、弟の専門分野だったので、電話をしたのです。

打ち合わせ中だったにもかかわらず、弟は抜け出してきて、丁寧に説明をしてくれました。Yさんは、とても喜んでくれました。夜、改めて、弟にお礼メールをしたら、こんな返信が届いたのです。

「それは良かった。**お姉ちゃんの大切な人は、僕にとっても大切だからね。**少しでも誰かのお役に立てたのなら嬉しいよ。

徳積みできる機会をくれて、ありがとう。

人って、『してあげたのに』的なオーラを見せた瞬間、やったことは帳消しになってしまうんだよね。

それって、もったいないと思わない？（笑）

幸せの本質は『相手を自分のことのように大切にする』ことだと思うよ。

特に、

自分の大切な人の【大切な人】を、大切にすること。

その人が大切にしているものを、その人以上に大切にすること。

これが大事なんだと思う。人はつながりの中でいかされているからね。

自分の大切な人を、大切にしてもらったら、嬉しいと思わない？

たとえば、自分の親を大切にしてくれた人には、感謝の気持ちがわくものじゃない？

誰かの心に幸せを運ぶ人を、神様は、不幸にはしないんだ。そうやって開いた手の上に、神様は思いもかけないチャンスをくれると思う。

チャンスはつかむものじゃなく、受け取るものなんだ。じゃね」

●「してあげたのに病」にかかっていませんか？

相手のためを思って心を尽くしていても、人間はつい、「してあげたのに」という言葉が出てしまう生き物です。

友達にプレゼントをあげても反応がない。
後輩に仕事を教えても、感謝の気持ちがない。

ただ、いくら求めても、相手の気持ちはコントロールできないものです。

そんな相手に見返りを求めてしまうと、あなたの心がすさみます。誰かのために、心を尽くすこと。すると、望まなくてもそれ以上のものが、ちゃんと入ってくるのです。他の誰のためでもなく、結局、あなたのためになるのです。

これまでたくさんのクライアントさんたちの奇跡を見てきて、それをしみじみ実感しています。どの方も「してあげた」というより、「やりたいからやる」「やらせていただく」という姿勢なのです。そうしていると、次々いいことが起こり、ますます幸せになっていくようです。

せっかくまいたタネを、自分で回収してしまったら、もったいないですよね。

「あれだけしてあげたのに」
「こんなにしてあげたのに」
もし、こんな気持ちが出てきたら思い出してください。

それは、あなたの未来への徳積みです。

もっと大きなレベルで、神様はちゃんと見てくれています。

法則3　地球ファミリー　～もし地球がひとつの家族だとしたら～

●深い部分ではみんなつながっている

今、私が大切にしている活動があります。

「地球ファミリー　～もし地球がひとつの家族だとしたら～」

この活動を通して、伝えたいメッセージは、シンプルです。

すべてが一つでつながっているのだとしたら、
私たち一人ひとりは、地球という大きな「家族」の一員です。

優れているとか劣っているとか、
進んでいるとか遅れているとか、
価値があるとかないとか、
正しいとか間違っているとか、

そうではなくて、

それぞれに役割や使命があり、
それぞれに魅力や才能があります。
あなたの代わりはどこにもいない。
あなたは望まれて生まれてきた、大切な大切な存在なのです。

そんな「地球ファミリー」のビジョンが降りてきてから、私の人生は急速に動きだしま

した。地球ファミリーの集《つど》いに参加された方からも、

「すごく感動しましたが、どこか懐かしい感じでした」

「人生にいいことが次々起こるようになりました」

「夢がどんどん形になっていくスピードに驚いています」

「嫌いだった自分のことが、愛《いと》おしくなりました」


そんなありがたい声を、多々いただくようになりました。


その時、思ったのです。

「地球ファミリー」って、特別な考えではなく、誰もがもともと知っている感覚なのではないかって。

・深い部分ではみんなが、つながっている、ということ
・誰もがかけがえのない使命やギフト（魅力・才能）を持って、愛されるために生まれてきた、ということ

・何をしてもしなくても、あなたの存在そのものが、すばらしいってこと

この感覚を思い出した時、人生の流れは加速していく。そう思うようになりました。

これからは、一人勝ちの時代ではありません。人と比べて、もっともっとと、頑張りすぎても、幸せはなかなか得ることもできません。

・あなたが、あなたらしく輝いて生きること

・お互いが、助けあい、補いあい、支えあうこと

すると、宇宙は次々と必要なものを届け、あなたの人生を応援してくれるようになるのです。あなたの「本来の人生」が自然と現れてきます。

人生の流れに乗ると、不思議なほど、ほしいものがタイムリーに届いたり、シンクロが頻発するようになります。そう。奇跡は誰もが当たり前のように起こせるのです。そういう方たちを、私はこれまで、たくさん見てきました。

●人生の目的は、完璧じゃなく、幸せになること

それでもつい、人と比べて、自分を小さく感じてしまう。そんな方に伝えたい人がいます。

ニック・ブイチチさん。

オーストラリア生まれのニックさんは、先天性四肢欠損症という病気で、生まれつき両手両足がありません。でも、大学で学位を取得し、スケートボードやサーフィンを楽しみながら、世界中で数百万人を超える人たちに講演をされています。

僕には腕も脚もない。
けれど、「できること」に感謝すれば、人生に「限界」はない。
人生の「本当の障害」とは、自分の人生に勝手に限界を設定してしまうこと。

手や足がないことも含め、すべて前提として受け入れ、自分を変えることで、自分の周りや自分自身の未来を変えていける。
あらゆる「できないこと」は「できること」を増やすためにある。
挑戦した結果の失敗は、どんなものでも「前進」だ。
何回失敗しても「次の一回」を繰り返すこと。

（ニック・ブイチチさん）

完璧にすべてを兼ね備えている人は、世の中にはいません。私も含め、足りないものだらけ。でも、前著でもお伝えした通り、足りないところも含め、神様がくれたギフトです。

あなたの幸せと、あなたが足りないと感じているものには、何も関係はありません。

欠点は、「隠す」ものではなく、「いかすもの」です。

足りないものも、ギフトとして受け入れると、「あなたらしさ」になります。

足りないところも含め、完璧じゃない私たちを、どれだけ慈《いつく》しみ、守り、愛せるか。
そんな自分を、どれだけいかしきれるか。これが人生の分かれ目です。

「完璧でなくていい」ではなく、
「完璧じゃないからいい」「完璧じゃないからこそ、いい」のです。

あなたは幸せになるために生まれてきました。どんな状況に置かれても、「幸せになる力」を、もともと持っているのです。
「今のあなた」を最大限にいかした時、あなたの人生は前を向いて動き始めます。

もう一度、言います。

人生の目的は、完璧になることじゃない。
あなたが、幸せになることです。

あなたの指が、一番大切なことを教えてくれる

以前、旅をしていた時に、あるアメリカ人の富豪が、こんなことを教えてくれました。

もし、これから先、何か道に迷うことがあったら、あなたの指に、意識を向けてみなさい。

親指、人差し指、中指、薬指、小指。

親指が大きいからといって、偉いわけじゃないだろう?
薬指がきゃしゃだからといって、特別な存在でもないだろう?
痛めて初めてありがたさに気づくのは、小指かもしれないね。普段は、なくても変わらないように思えても、痛めると、とても歩きづらい。全身のバランスを

とるため、小指もちゃんと役割をはたしているんだよ。

「親指は、大きくていいなぁ」

と言って、小指が親指を傷つけたら、**あなた**が痛い思いをする。それは結局、小指の痛みにもなってしまう。どちらか一方が傷つけば、一方にも影響が及ぶんだ。

指は、それぞれ独立しているのではなく、**あなた**という存在の一部なんだ。どちらが優れているとか劣っているとかではなく、意味があって存在している。ただ役割が違うだけなんだよ。わかるかい？

髪や爪などは、どんなに小さくても、血液や遺伝子情報が違うものは、ひとつとしてないだろう？　細胞のひとつひとつにいたるまで、すべて「**あなた**」という遺伝子情報がめぐらされているんだよ。それぞれが経験して得た情報や学びを、「**あなた**」が受け取っている。人生のすべてを、一緒に経験しているんだ。

人も同じなんだよ。それぞれが個別に存在しているんじゃなくて、誰もが「地球」の一部として、生かされているんだ。ひとりひとりが経験したことはすべては、地球全体のギフトになっていく。自由な心で、あなたのためにすることが、必ず周りの幸せになっていくんだ。

根っこはすべてつながっている。

だから、あなたはどんな時も一人じゃない。

安心して、人生という旅を、味わい、楽しんでいけばいいんだよ。
そして、思いきり、幸せになるんだよ。
それが周りのためにもなっていくから。

あなたはこの世界のたったひとつのピースです

「もし地球がひとつの家族だとしたら」
そう思うと、「私はひとりぼっち」ではなく、「つながりの中で生かされている」ということが、感じられるはずです。見える世界も、おのずと変わります。

奪いあいではなく、分かちあうこと。
競いあいではなく、助けあうこと。
ひとりぼっちや孤独ではなく、つながること。
批判ではなく、ほめること。
あきらめではなく、可能性を信じること。

Aさんの苦手なことを得意とするBさんがいます。Cさんにできないことが、Aさんの好きなことだったりします。私たちは、補いあい、支えあいながら、それぞれの役割をはたし、地球という大きなジグソーパズルを創っているのです。私たちひとりひとりはそのピースのようなものです。

あわない場所に、無理に当てはめようとするから、苦しくなってしまうのです。あなたが歪《ゆが》むと、全体も歪んでしまいます。

あなたがピタッとはまる、あなただけの居場所（＝役割・使命）は必ずあります。あなたにしかできないこと、あなたにしか埋められない「居場所」が、この世の中にはちゃんとあります。

誰ひとりとして、あなたの代わりにはなれません。
そんな「あなた」を選んで、生まれてきたのです。

あなたの近くからいなくなってしまった大切な人も、きっとその人の居場所で、役割を全《まっと》うしています。それぞれの場所にいるから、全体でつながっていられるので

す。

ひとりひとりが輝けば、やがて地球は光になっていく。その時、地球というパズルは完成に近づきます。

宇宙はわかりやすいよう、ひとつのサインを残しました。

あなたというピース（piece）と、「地球というパズル」が完成した状態を、ピースという同じ発音にしたのです。

あなたの心に平和が訪れると、世界は平和に包まれます。
あなた（piece）が輝くことが、地球の平和（peace）につながっていくのです。

だから、あなたは幸せになってください。
あなたのためにも、周りのためにも。

エピローグ　あなたの心に夢があるのなら

人から思われる通りに生きると、振り回される人生になります。
あなたの気持ちに正直に生きると、納得できる人生になります。

あなたが夢を持った時、
「無理だよ」という人の声に耳を傾けないでください。
その人にとっては「無理」でも、あなたにとっては無理ではないのです。

限界を決めるのは、人ではなく、あなた。
あなたが「この程度」と決めたら、「この程度」で終わります。

「どうせ無理。やるだけムダ」「できなかったらどうしよう」より、
「やってみないとわからない」の方がいさぎよい。

「大丈夫♪　何とかなる。思いきりやってみよう」だと、もっと嬉しい。

安全領域を出るって、当然、痛みや失敗を伴うこともあります。
恐れもあるでしょう。

でも、不安が出てくるのは、あなたが弱いからじゃない。
それだけ、真剣に生きているからこそです。

いいのです。
失敗しても。
かっこ悪くても。みっともなくても。
嫌われても。

それもあなた。そして、本当の姿はそれだけではないのだから。

もし、その道がふさがっていたら、別の道が用意されているということ。

もし、転んでしまったら、また立ち上がればいいだけのこと。

一度も傷ついたことがない人なんて、いないのです。

転ぶのは、前を向いて走ってきたという、何よりのあかし。
落ち込むのは、「まだできる」って可能性を信じているから。

走ったことのない人は、転んだ痛みがわからないのです。
夢を叶える勇気のない人は、人の夢を笑うのです。
あきらめている人は、最初から落ち込んだりしないのです。

でも走ったことのない人は、
「走り続けた人にしか、味わえない感動」があることも、知りません。

どんな時も、失敗した自分を責めたり、傷つけたりせず、
あなたをとことん信じ、応援してください。

何があっても、あなたの可能性を、あなたがあきらめないでください。

その時、必ず、道は開けます。
守らず飛び込んだ時に、本当にほしいものが手に入ります。

やがていつか、気づくはず。

「いかにかっこよく、速く、遠いゴールにたどりつくか」ではなく、
「走るプロセスそのもの」が、人生の味わい深さだということに。

他でもない、あなたの心に宿った「夢のタネ」。
大切に守り、育てていってください。

一度きりの人生。
せっかく、「あなた」として生まれてきたのだから、

あなたらしく、思いきり生きてみませんか？
最後の瞬間に、「あぁ、いい人生だった」と、心から思えるように。

大丈夫。あなたにはできる。
あなたにしかできない。

おわりに

最後まで、おつきあいくださり、ありがとうございました。

プロローグでもお伝えした通り、会社員時代、私は人目や評価を気にして、振り回されてばかりでした。

「本当は何がやりたいんだろう?」
「私らしさって何だろう?」
「私は何をするために生まれてきたんだろう?」

そうやって生き方を模索していた私に、人生を変えた出会いがありました。
さまよっていた私の可能性を信じ、その方は関わってくれました。

「何があっても大丈夫」「あなたにはすごい力がある」
そう信じてくれる存在が、たった一人いるだけで、人生は大きく変わります。

「この本が、あなたにとって、そんな存在になってくれたら」
そんな願いをいっぱい込めて、書かせていただきました。

この本が、あなたやあなたの大切な人の日々に、少しでもお役に立てれば幸いです。

この本が生まれるにあたり、惜しみなくご尽力くださった、四井優規子さん、福井直子さん、永松茂久さん、白浜みのりさん、本当にありがとうございました。心より、感謝申し上げます。

日々、感動を共にしている、グループコーチングの参加者さん&クライアントさん。西川学さん、加藤正博さん。大鶴和江さん。メルマガやブログの読者の皆様。地球ファミリーの皆様、いつもありがとうございます。

いつも愛を注いでくれる両親と、励ましてくれる弟の拓。本当に感謝しています。

ここに書ききれない、私の大切な人たちに、心から感謝しています。

そして、この本に出会ってくださったあなたに、心からありがとうございます。

感謝の気持ちを、お返しできるよう、これからも、日々を大切に生きていきたいと思います。

あなたの人生があふれる幸運に包まれていきますように。

そして、いつかどこかであなたに、お会いできますように。

心から愛と感謝を込めて。

鈴木真奈美

読んでくださった皆様への限定特典

　最後まで読んでくださり、ありがとうございました。


　読んでくださった皆様に、感謝をこめて、ページ数の関係で本書に載せられなかった「幻章」を無料プレゼントしています。

　よかったら今すぐアクセスしてみてください！

http://suzuki-manami.com/bookcamp2013/

　または鈴木真奈美公式ホームページで検索してください。

〈著者略歴〉

鈴木真奈美（すずき・まなみ）

株式会社地球ファミリー　代表。

上智大学ドイツ文学科卒業。大手メーカーにて、役員秘書や、コンサルティング部門で幹部対象のコーチング及び研修を担当。

たくさんの経営トップから成功哲学を徹底的に学び、「成功し続ける人の共通点」に気づく。

世界トップレベルの師に師事し、コーチング、リーダーシップ、心理学、ＮＬＰ、ヒーリング等を学び、その後、独立。

ビジネスとスピリチュアル、心理学を融合したアプローチには定評があり、口コミで広がった個人セッションの予約は、1200人待ち。

クライアントは中学生から70歳を超える経営者まで、フランス、アメリカ、バリ島など海外にも及び、絶大な信頼を寄せられている。

開催するワークショップは、海外・日本全国から参加者が集まり、100名以上がキャンセル待ちになることも少なくない（20013年７月現在）。

3000人以上のカウンセリング経験をいかしたメールマガジンは根強い人気で、購読者数２万人を超える。

「もし地球が一つの家族だとしたら」というビジョンにもとづき、株式会社地球ファミリーを設立。

すべての人に眠っている「使命」や「魅力」を引き出すことをライフワークとしている。

ＩＣＦ国際コーチ連盟プロフェッショナル認定コーチ。

著書に『がんばらずに、ぐんぐん幸運を引き寄せる方法』（ＰＨＰ研究所）がある。

ブログ：http://ameblo.jp/always-smile0720/【毎日更新】

メルマガ：https://55auto.biz/manami/touroku/entryform2.htm

ホームページ：http://suzuki-manami.com/

フェイスブック：http://www.facebook.com/manami25

装　丁　　こやまたかこ
本文イラスト　　竹内ちづる

もう周りにふり回されない！

自分史上最高の幸せを呼びこむ方法

2013年7月24日　第1版第1刷発行

著　者　鈴木真奈美
発行者　小林成彦
発行所　株式会社ＰＨＰ研究所

東京本部　〒102-8331　千代田区一番町21
書籍第二部　☎03-3239-6227（編集）
普及一部　☎03-3239-6233（販売）
京都本部　〒601-8411　京都市南区西九条北ノ内町11

PHP INTERFACE　http://www.php.co.jp/

制作協力
組　版　株式会社PHPエディターズ・グループ
印刷所　大日本印刷株式会社
製本所　東京美術紙工協業組合

ISBN978-4-569-81283-0

PHPの本

「自分磨き」はもう卒業!

がんばらずに、ぐんぐん幸運を引き寄せる方法

鈴木真奈美 著

間違った「自分磨き」をしていると、もっと苦しくなります。「偽りの自分」ではなく、「本当の自分」で生きて幸せになる方法を解説。

定価一、三六五円
(本体一、三〇〇円)
税五%